»... die Dänen sind die glücklichsten Menschen der Welt ...«

Der Fotograf **Gerald Hänel** erinnert sich gern an die nette und unkomplizierte Art der Dänen, die ihm bei seiner Arbeit sehr geholfen hat.

Der Autor **Christoph Schumann** hat in Dänemark studiert und gelebt. Bis heute ist er mehrmals im Jahr und zu jeder Jahreszeit in unserem nördlichen Nachbarland unterwegs.

Liebe Leserinnen, liebe Leser!

Immer geht es uns darum, die Highlights und Besonderheiten eines Landes in außergewöhnlichen Perspektiven, Stimmungen oder Lichtverhältnissen für Sie einzufangen. Manchmal gelingt es den Fotografen des DuMont Bildatlas auch ganz unerwartete Motive zu schießen. Vor diesem Hintergrund finden Sie mein persönliches Lieblingsfoto dieses Bandes auf Seite 42/43. Und weil Herr Hänel beim Straßenkarneval in Aalborg derart erfolgreich fotografiert hat, präsentieren wir Ihnen weitere Abbildungen davon auf Seite 16/17 und auf Seite 50/51.

Glückliche Dänen

Wenn man diese Bilder anschaut, dann glaubt man es sofort: Laut einer Untersuchung der OECD sind die Dänen die glücklichsten Menschen der Welt – tatsächlich haben sie allen Grund dazu, und das liegt nicht nur an den tollen Festen, die im Sommerhalbjahr vielerorts stattfinden (auch der Karneval wird praktischerweise im Mai gefeiert). Die relativ homogene Sozialstruktur ist sicher ein entscheidender Grund für ihren Glücklichkeitsstatus (s. Seite 31). Dazu mag kommen, dass die Dänen in einer wunderschönen Umgebung leben. Hier gibt es einige der schönsten Strände Europas, überaus eindrucksvolle Kreideklippen, aber auch viele kleine Städte mit liebevoll restauriertem Ortskern, prächtige Schlösser, hervorragend bestückte Museen und großartige Hinterlassenschaften der Wikinger.

Trendcity Kopenhagen

Und nicht zuletzt eine Hauptstadt, die sich schon längst vom Geheimtipp zur angesagten Trendcity entwickelt hat. Folgen Sie unserem Autor Christoph Schumann und erleben Sie Kopenhagen mal aus einem ganz anderen Blickwinkel, sei es bei einer Paddeltour vom Wasser aus (Seite 83) oder begeben Sie sich mit der Metro auf einen Trip in die Zukunft (Seite 76). Sie werden feststellen, Kopenhagen ist gemütlich und innovativ zugleich, ist weltoffen, grün und futuristisch, einfach liebenswert.
Herzlich

Birgit Borowski
Programmleiterin DuMont Bildatlas

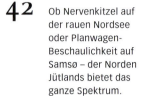

42 Ob Nervenkitzel auf der rauen Nordsee oder Planwagen-Beschaulichkeit auf Samsø – der Norden Jütlands bietet das ganze Spektrum.

62 Dänemarks Hauptstadt ist der Spagat zwischen Tradition und Moderne perfekt gelungen.

Impressionen

8   Dänemark-Bilderbogen: Kopenhagens Nyhavn, Klippen von Møn, Radtourist auf Bornholm, Schloss Egeskov, Karneval in Aalborg, Strand bei Skagen und das Kunstmuseum ARoS in Aarhus

Jütland · Süden

24   **Wellengang und Welterbe**
Jütland, das dänische Festland, steckt voller Kontraste – im Osten die milde Ostsee, im Westen die raue Nordsee, Höhepunkte wie Wattenmeer, Legoland und die breitesten Strände Europas. Kein Wunder, dass die Dänen die glücklichsten Menschen der Welt sind.

DUMONT THEMA
36   **Naturtour mit Genussfaktor**
Eine Austernsafari im Wattenmeer gehört zu den außergewöhnlichsten Natur- und Gourmetvergnügen.

38   **Straßenkarte**
39   **Infos & Empfehlungen**

Jütland · Norden

42   **Wo Dänemark(s) Spitze ist**
Zwei Meere und zwei Küsten, die seit mehr als 100 Jahren Sommerurlauber ebenso wie Künstler und Wassersportler anziehen – zwischen Skagerrak und Kattegat steckt Nordjütland voller Attraktionen für Entdecker.

58   **Straßenkarte**
59   **Infos & Empfehlungen**

36 Eine Austernsafari ist schon ungewöhnlich – und zwar sommers wie winters.

Kopenhagen · Seeland

62   **Das Zentrum Skandinaviens**
Gemütlich und innovativ, traditionell und weltoffen, grün und futuristisch – Dänemarks Hauptstadt Kopenhagen macht einen eindrucksvollen Sprung vom Geheimtipp zum Szeneziel. Und vor den Toren fasziniert Seeland mit Küsten, Schlössern und Museen.

BEST OF ...   **UNSERE FAVORITEN**

22   **Wikingerstätten**
Gehen Sie auf Zeitreise zu den Wikingern, zu den mythenumwobenen Nordmännern.

56   **Strände**
Spektakuläre Klippen, flache Strände – Dänemarks Küste könnte vielfältiger nicht sein.

114   **Kleine Inseln**
450 Inseln umfasst Dänemarks Inselreich – auch einige Geheimtipps für Urlauber gehören dazu.

INHALT 4–5

106 Die Feiertage sind den Dänen heilig. Einer der Höhepunkt im Festkalender ist die Sommersonnenwende und St. Hans Ende Juni.

Bornholm

98 **Sonneninsel für Genießer**
Die Ostseeinsel Bornholm gilt seit jeher als eine kleine Welt für sich – mit dem östlichsten Punkt des dänischen Königreichs. Russland liegt hier näher als die jütländische Nordseeküste.

DUMONT THEMA
106 **Von Jule-Zeit und Påske-Tagen**
Weihnachten, Ostern und St. Hans – ein Blick auf nordische Bräuche und Traditionen.

110 **Straßenkarte**
111 **Infos & Empfehlungen**

Anhang

116 **Service – Daten und Fakten**
121 **Register, Impressum**
122 **Lieferbare Ausgaben**

DUMONT THEMA
76 **Mit der Metro in die Zukunft**
Kopenhagen setzt Zeichen in Sachen zeitgenössischer Architektur.

80 **Cityplan und Straßenkarte**
81 **Infos & Empfehlungen**

Fünen und die Inseln

84 **Rund um Dänemarks Südsee**
Dänemarks größter Märchendichter, eines der schönsten Segelreviere des Nordens mit der dänischen Südsee, eindrucksvolle Schlösser – Fünen und die dänischen Ostseeinseln bersten fast vor Möglichkeiten.

DUMONT THEMA
92 **Schneller nach Süden**
Die Querung des Fehmarnbelts wird zum längsten Absenktunnel der Welt.

94 **Straßenkarte**
95 **Infos & Empfehlungen**

DuMont Aktiv

Genießen   Erleben   Erfahren

41 **Wikinger-Winterfreuden**
Genussvoll kann das Baden auch im Winter sein.

61 **Mit Haien tauchen**
Gefahrlos Grenaas Unterwasserwelt erleben.

83 **Paddeltour mit Schlossblick**
Durch Hafen und Kanäle – Kopenhagen vom Wasser aus entdecken.

97 **Ein Fest im Sattel**
Unterwegs auf dem Ostseeradweg.

113 **Trolling Bornholm**
Wo Angeln am schönsten ist.

INHALT
6 – 7

Topziele

Die bedeutendsten Sehenswürdigkeiten und Erlebnisse, die Sie auf keinen Fall versäumen sollten, haben wir hier für Sie zusammengestellt. Auf den Infoseiten sind die Highlights als **TOPZIEL** *gekennzeichnet.*

NATUR

1 Dänemarks schönste Strände: Rømø ganz im Westen und Dueodde ganz im Osten auf Bornholm sind wunderbar weitläufige Küstenstreifen. **Seite 39 und 113**

2 Dänemarks „Nordkap": Größte Naturattraktion Dänemarks ist Jütlands Nordspitze Grenen. **Seite 60**

3 Die Klippen von Møns Klint: Den schönsten Blick auf die leuchtend weißen Kreidefelsen hat man vom Wasser aus. **Seite 97**

ERLEBEN

4 Altstädte von Ribe und Ærøskøbing: Aus gutem Grund stehen Ribe und Ærøskøbing unter Denkmalschutz. **Seite 40 und 96**

KULTUR

5 Koldings Museum Trapholt: Vor allem Freunde des Kunsthandwerks und Designs kommen in Trapholt auf ihre Kosten. **Seite 41**

6 Voergård und Egeskov: Aus Dänemarks feudaler Pracht ragen diese beiden Schlösser besonders heraus. **Seite 60 und 96**

7 Blick zurück in Lindholm Høje: Die Ausgrabungen zeigen Steinsetzungen und Siedlungsreste in Dänemarks bedeutendster Frühzeitstätte. **Seite 61**

8 Königliche Welten in Rosenborg: Das Kopenhagener Museum präsentiert die Geschichte des dänischen Königshauses und dessen Kronjuwelen. **Seite 81**

9 Louisiana und Bornholm: Nicht nur ihre großartigen Sammlungen, auch ihre Lage lohnen den Besuch der Kunststätte Louisiana und des Kunstmuseums von Bornholm. **Seite 82 und 112**

10 Wikingererbe in Roskilde: Originale Schiffe gehören zum Schatz des Wikingermuseums. **Seite 82**

11 Mächtiges Hammershus: Die größte Burgruine Nordeuropas wacht über Bornholm. **Seite 111**

Bunte Metropole

Kopenhagen ist eine moderne, gleichwohl kompakte Weltstadt, in der sich fast alle Sehenswürdigkeiten bequem zu Fuß erkunden lassen. Den Vergnügungspark Tivoli gleich beim Rathaus, die Shoppingmeile Strøget, Schlösser wie Amalienborg, Rosenborg und Co., die Nationalgalerie oder Nyhavn (Foto), das Flanier-, Ausgeh- und Feierquartier mit seinen bunten Fachwerkhäusern und ganzjährig guter Stimmung. Hier klingt ein erlebnisreicher Kopenhagen-Tag perfekt aus.

Mehr als 7000 Kilometer Küste

Meer zu allen Seiten und rund 450 Inseln – Dänemarks Natur steckt voller Kontraste. Steilküsten wie die weltberühmten Kreidefelsen Møns Klint (Foto) und die Kreideküste Stevns Klint bergen archäologische Schätze und die Geschichte von Millionen Jahren. So wild und rau wie sich die dänische Nordsee im Westen oft zeigt, so mild gibt sich meist die Ostsee.

IMPRESSIONEN
12 – 13

In der Weite des Landes

....

Fast 10 000 Kilometer Radwege legen sich wie ein Spinnennetz über Dänemark. Mit traumhaften Landschaften und „Bergen" von nicht einmal 200 Metern Höhe ist das Königreich ohnehin geschaffen für ausgiebige Touren mit dem Drahtesel oder in Wanderschuhen. Das Geheimnis dieser sanften Schönheit: Das hügelige Binnenland ist wie Küsten und Inseln von der letzten Eiszeit geformt und rund geschliffen worden.

Geschichte voller Leben

Im ältesten Königreich der Welt begegnet man Geschichte auf Schritt und Tritt. Überall in der Landschaft lassen sich Spuren dänischer Vergangenheit finden – angefangen bei den Runensteinen in Jelling bei Billund aus dem 10. Jahrhundert, die als Gründungsurkunde des Landes gelten, über Wikingersiedlungen hin zu den zahlreichen Burgen und Schlössern. Ensembles wie das Renaissanceschloss Egeskov (Foto) auf Fünen sind großartige Kulturschätze.

Mit Dänen kann man feiern

Nordisch kühl? Von wegen! Wenn es um Feste und ums Feiern geht, können sich die Dänen mit jedem anderen Land der Welt messen. Dass die meisten Veranstaltungen in die warmen und hellen Frühjahrs- und Sommermonate fallen, verwundert nicht. Selbst der (Straßen-)Karneval mit Sambatanz kann da schon mal – wie hier in Aalborg – erst zu Pfingsten stattfinden. Festivals wie das Roskilde Festival an der Spitze, aber auch Wikingerspiele, Mittelaltermärkte, Hafenfeste und andere Open-Air-Events gehören einfach in die milde Jahreszeit.

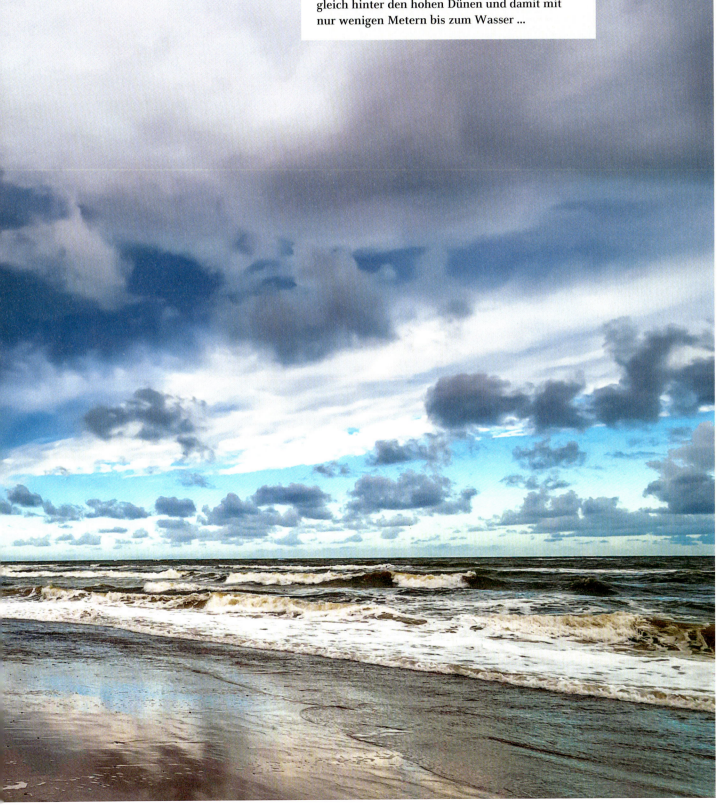

Mehr Meerurlaub geht nicht

Kilometerlange Strände und weite Blicke aufs offene Meer unter einem immer mal wieder dramatischen Himmel – die dänische Nordsee ist seit Generationen die beliebteste dänische Urlaubsregion (Foto: Henne Strand). Typisch dänisch ist hier der Urlaub in einem Ferienhaus gleich hinter den hohen Dünen und damit mit nur wenigen Metern bis zum Wasser ...

Nordisch-funktional

Dänisches Design besitzt Weltruf. Träger großer Namen wie Arne Jacobsen und Verner Panton betätigten sich mit nordisch-funktionaler Architektur und ausgefallenen Möbeln als Pioniere zeitgenössischer Formgebung weltweit. Vertreter der Moderne sind denn auch in vielen Innenstädten des Königreichs präsent: Im Aarhuser Kunstmuseum ARoS (Foto) können Besucher im „Your Rainbow Panorama", das auf dem würfelförmigen Gebäude thront, auch an grauen Tagen farbenfrohe Ausblicke genießen.

UNSERE FAVORITEN

Wikingerstätten

Wild und weit gereist

Gehen Sie auf Zeitreise zu den Wikingern, zu den mythenumwobenen Nordmännern, deren Epoche um 800 begann und mit der Schlacht von Hastings 1066 jäh endete. Dank ihrer Schiffsbaukunst reisten sie in nur 250 Jahren als Händler, Entdecker und seltener als Plünderer um die halbe Welt. Grund genug, um in Museen, auf Märkten und Festivals das reiche Erbe der Wikinger in deren historischer Heimat zu erkunden.

① Wikingerschiffsmuseum in Roskilde

Das Wikingerschiffsmuseum in Dänemarks einstiger Königsstadt Roskilde ist Dänemarks bekannteste Wikinger-Attraktion. Im nahen Roskilde Fjord fanden Archäologen in den 1960er-Jahren fünf gut erhaltene Wikingerschiffe. Die sogenannten Skuldelev-Boote aus dem 11. Jh. sind heute in der Wikingerschiffshalle des Museums zu bestaunen. Rund um die Originale ist ein sehenswerter Museumshafen mit eigener Werft entstanden. Kleine und große Besucher können von hier aus auf „Kaperfahrt" hinaus auf den Fjord gehen.

Vikingeskibsmuseet, Vindeboder 12, DK-4000 Roskilde, Tel. 46 30 02 00, www.vikingeskibsmuseet.dk

② Wikingertreffen in Moesgård

Mehr Wikinger-Flair geht kaum: Rund um das Museum Moesgård bei Aarhus treffen sich immer am letzten Juli-Wochenende Tausende „Wikinger" und Fans zu einem der größten Wikingertreffen des Nordens. Die Zeitreisenden kommen aus fast 15 Ländern Europas, um sich bei Handel, dem Genuss echter Wikingergerichte, aber auch zu Kämpfen und Réitwettbewerben zu treffen. Hier kann man die Wikingerzeit sehen, riechen, schmecken – und ein kleines Stück davon auch für zu Hause einkaufen.

Vikingetraeffet, Moesgård Allé 15, DK-8270 Højbjerg, Tel. 87 39 40 00 www.vikingetraeffet.dk

③ Bork Vikingehavn

Unmittelbar am Ringkøbing Fjord liegt ein kleines Wikingerdorf, in dem alles so scheint wie vor 1000 Jahren. Die Wikingerschiffe liegen bereit zur Ausfahrt. Händler, Handwerker und Hausfrauen berichten von Alltag und Abenteuern. Für Kinder stehen Runenjagd und Wikingerspielplatz auf dem Programm. Der Wikingerhafen hat von Ende März bis Mitte Oktober geöffnet; Mitte August findet ein Wikingermarkt statt.

Bork Vikingehavn, Vikingevej 7, Sdr. Bork, DK-6893 Hemmet, Tel. 75 28 05 97, www.levendehistorie.dk

④ Frederikssund Vikingespil

Das kleine Frederikssund in Nordseeland gilt als Wikingerhochburg des Landes – seit mehr als 60 Jahren bringen Laien jeden Sommer wechselnde Wikinger-Theaterstücke auf die Bühne. Inzwischen hat sich außerdem eine kleine Nordmänner-Siedlung entwickelt, die Besucher auf eigene Faust oder im Rahmen einer Führung erleben können.

Frederikssund Vikingespil, Kalvøen, DK-3600 Frederikssund, Tel. 42 96 95 96, www.vikingespil.dk

UNSERE FAVORITEN
22 – 23

5 Jels Vikingespil

Seit der Premiere 1977 hat sich das Wikingerspiel im jütländischen Jels zu einem echten Klassiker entwickelt. Alljährlich bringen engagierte Laien und einige Profischauspieler ein sehenswertes Theaterstück auf die Bühne, das die dramatischen Seiten der Wikingerzeit ebenso zeigt wie die romantischen. Im Jubiläumsstück 2017 drehte sich alles um „Thor, Hammer und Liebe". Die Aufführungen finden im Juni und Juli statt.

Jels Vikingespil, Søvej 5C, Jels, DK-6630 Rødding www.jelsvikingespil.dk

6 Wikingerfestung Aggersborg

Rundburgen gehören zu den spektakulärsten Bauwerken der Wikinger. Noch vor der Burg Trelleborg auf Seeland ist Aggerborg in Jütland die größte der bekannten Wikingerfestungen in Dänemark: Der Ringwall hat einen Durchmesser von 285 Metern – vermutlich befanden sich im Innern knapp 50 Häuser von je 33 Metern Länge. Errichtet wurde die Festung an der strategisch wichtigen schmalsten Stelle des Limfjords von König Harald Blauzahn in den Jahren 980/981, dem sie vielleicht als Basis für Wikingerzüge nach England diente. Der Zugang zur Aggerborg ist frei.

Vikingeborgen Aggersborg, Aggersborgvej, DK-9670 Løgstør, www.visit vesthimmerland.de

7 Lindholm Høje

Nördlich von Aalborg liegt auf einer Anhöhe über dem Limfjord einer der beeindruckendsten Grabplätze Nordeuropas, auf dem rund 150 Schiffssetzungen und fast 700 Gräber aus der Wikinger- und der Eisenzeit die Jahrhunderte überdauert haben. Gleich nördlich des Gräberfeldes Lindholm Høje fand man bei Grabungen Reste von Häusern und Brunnen. So gut erhalten blieb der Grabplatz nur, weil er um das Jahr 1000 von Sandfluchten bedeckt und damit konserviert wurde. Im angeschlossenen Lindholm Høje Museum gibt es weiterführende Informationen zur Wikingerzeit.

Lindholm Høje, Vendilavej 11, DK-9400 Nørresundby, Tel. 99 31 74 40, https://nordmus.dk/u/lindholm-hoeje-museet

Wellengang und Welterbe

Jütland, das dänische Festland, steckt voller Kontraste – im Osten die milde Ostsee, im Westen die raue Nordsee. Hier alte Hafen- und Handelsstädte, dort älteste und jüngste Stadt des Königreichs als enge Nachbarn. Dazu Höhepunkte wie das Welterbe Wattenmeer, Legoland in Billund und die breitesten Strände Europas. Kein Wunder, dass die Dänen die glücklichsten Menschen der Welt sind.

Ribes Hafen atmet noch die geruhsame und beschauliche Stimmung früherer Zeiten

Ringreiten vor Sønderborgs Schloss: Die Jagd nach dem kleinen Ring wird nördlich und südlich der deutsch-dänischen Grenze sehr geschätzt – wobei in Dänemark die Landesfarben deutlicher betont werden

Dyvig an seinem tief in die Insel Als eingeschnittenen Fjord ist auch bei deutschen Seglern überaus beliebt: Blick von der Marina auf das „Dyvig Badehotel"

JÜTLAND · SÜDEN

Das im 17. und 18. Jahrhundert errichtete Schloss Augustenburg war bis 1921 Sitz der Herzöge von Augustenburg und dient heute als Klinik. Sein Park ist aber frei zugänglich

Die Düppeler Schanzen haben für Dänen noch immer eine große Bedeutung

Ringreiten gehört in Südjütland zu den mit Herzblut gepflegten Traditionen. Dann kommen auch längst Weggezogene zurück, um Familie und Freunde zu treffen.

Typisch dänisch – und (fast) das ganze Königreich auf einen Punkt gebracht: Nur wenige Kilometer jenseits der deutsch-dänischen Grenze, deren früheren Verlauf man kaum noch erahnen kann, lässt sich ein Dänemarkurlaub kaum besser beginnen als an „Annies Kiosk". Der kleine Hotdog-Stand in Kollund bei Kruså mit Blick auf Flensburger Förde und die dänischen Ochseninseln besitzt alles, wofür man das Land der beiden Meere Nord- und Ostsee, der 7000 Kilometer Küste und der mehr als 400 Inseln einfach lieben muss: die typisch dänischen Pølser natürlich, die heutzutage nicht mehr ganz so roten Würstchen. Und das unwiderstehliche Softeis.

Vor allem aber jene besondere, herzliche Atmosphäre, die auf Dänisch „hygge" heißt – mit Gemütlichkeit ist die entspannte Stimmung nur annähernd beschrieben. Diese herrscht selbst hier am Schnellimbiss, der nach der 2016 verstorbenen, legendären Hotdog-„Königin" Annie Bøgild benannt ist und im Geiste der unvergessenen Gründerin weitergeführt wird. An einem Sommertag, ja selbst in der kühlen Jahreszeit treffen sich am Kultkiosk Autofahrer und Motorradfreunde, Radler und Segler, Banker und Studenten, Dänen, Deutsche und noch weiter Gereiste – gute Laune, lockere Gespräche, entspannter Genuss inklusive. Ein Stück Vorzeige-Europa in einer Nussschale.

Dänisch – und international

Kaum zu glauben, dass die Region einst hart umkämpft war und sich nur wenige Kilometer weiter östlich nahe Sønderborg im Jahr 1864 eine verlustreiche Schlacht zwischen dänischen und preußischen Truppen ereignete, die in Dänemark unvergessen ist. Das Ergebnis ist bekannt: Nach dem Sieg der Preußen bei den Düppeler Schanzen, an denen heute ein sehenswertes Museum steht, wurde Nordschleswig deutsch. Erst nach dem Ersten Weltkrieg durften die Menschen der Region 1920 in einer Volksabstimmung über die dänisch-deutsche Grenze entscheiden. Seither trägt ihr Verlauf das heutige Gesicht: Flensburg blieb deutsch, Städte wie Aabenraa oder Tønder, Apenrade und Tondern, wurden wieder dänisch.

Spätestens seit der Bonn-Kopenhagener Erklärung von 1955 gilt das Minderheitenmodell als Vorbild für andere „Grenzfälle" in Europa und der Welt. Kulturelle Identität und politischer Wille der Minderheiten auf beiden Seiten sind gesichert. Rund 50 000 „deutsche" Dänen in Südschleswig bekennen sich heute zu ihrer nordischen Heimat. Dänischspra-

Das Kunstmuseum Tønder zeigt auch Designmöbel, darunter einige vom für seine Holzstühle bekannten Möbeltischler Hans J. Wegner (oben links). Blick aus Ribes Fußgängerzone Overdammen auf den ursprünglich romanischen, später dann gotisch erweiterten Dom, der die gut erhaltene Altstadt beherrscht (oben rechts). Zeitreise: auf dem Anfang mai veranstalteten Wikingermarkt des Ribe VikingeCenter (unten links) und altes Gässchen in Møgeltønder (unten rechts)

Blick auf Ribe an der Ribe Å: Hier hatte der Missionar Ansgar 860 eine erste Kirche errichten lassen

Naturphänomen **Special**

„Sort Sol"

„Sort sol" nennen die Dänen das wohl faszinierendste Phänomen im Wattenmeer, Lebensraum Tausender Seehunde und von bis zu zwölf Millionen Zugvögeln. Hauptdarsteller der „Schwarzen Sonne" sind im Frühling und besonders im Herbst die Stare auf ihrem Weg von Süden nach Norden und zurück. Bei Sonnenuntergang sammeln sie sich in Schwärmen von bis zu 500 000 Tieren, um im Schilf zu übernachten. Dabei verdunkeln sie die untergehende Sonne – die „Schwarze Sonne", die noch intensiviert wird, wenn Greifvögel die Stare hochschrecken. Naht ein Angreifer, sieht man schon von fern, wie der Schwarm zur Abwehr ständig seine Form verändert. Da die Stare ihr Nachtquartier täglich wechseln, hat man auf einer Naturtour mit einem Ranger die besten Chancen, live beim „Sort sol" dabei zu sein.

chige Schulen, eine eigene Bibliothek, die Zeitung „Flensborg Avis" oder der Südschleswigsche Wählerverband, der oftmals in Kiel mitregierte, sind gelebte Normalität. Gleiches gilt für rund 15 000 Dänen nördlich der Grenze, die sich zur deutschen Minderheit zählen, den „Nordschleswiger" lesen und ihre Kinder auf eine der deutschsprachigen Schulen beispielsweise in Apenrade schicken.

Reichtum durch Seefahrt

Apropos Aabenraa: Wie seine Nachbarn Haderslev, Sønderborg, aber auch Kolding oder Flensburg, blickt die Stadt an der – verglichen mit der rauen Westküste – milderen Ostsee auf eine lange, erfolgreiche Zeit als Hafen- und Handelsstadt zurück. Dank ihrer geschützten Häfen waren die Orte über Jahrhunderte Zentrum von Werften und Flotten, die mit Korn, Vieh und anderen Waren teils in fester Linienverbindung zu nahen Häfen wie Hamburg, aber auch der weiten Welt standen. Die drei Makrelen im Stadtwappen von Aabenraa sind nur einer von vielen Belegen dafür. Sie weisen auf die große Bedeutung der Fischerei hin. Der einstige Reichtum lässt sich noch heute beim Bummel durch die kopfsteingepflasterten Gassen mit ihren detailverliebt gepflegten Bürgerhäusern erahnen.

Härter war da das Leben an der Nordseeküste. Während die Kaufmannsstädte am Kleinen Belt schon Wohlstand kannten, waren die Einwohner von Rømø, Mandø oder Fanø so arm, dass sie als gute Seeleute noch vor 300 Jahren auf Schiffen überall in Europa anheuern mussten. Erst als die Inselkapitäne dank ihrer nautischen Erfahrung auf eigene Rechnung fahren konnten – meist im Walfang –, wurden die Menschen an der Nordsee wohlhabender. Kapitänshöfe auf Rømø, das Museum Kommandørgaarden etwa, verströmen bis heute den Atem dieser maritimen Vergangenheit und den Duft der großen weiten Welt.

Kultur des Kuchenessens

Es ist diese Weltoffenheit, die bis heute die dänische Gastfreundschaft prägt. Eines der charakteristischsten und regionalen Beispiele dafür ist die legendäre Südjütländische Kaffeetafel. Der dänisch Sønderjysk Kaffebord – von Bord, Tisch – genannte Festtisch wird klassischerweise zu Geburtstagen, Familienfesten oder an Sonntagen mit bis zu 14 verschiedenen Kuchen und Torten gedeckt, zu denen Kaffee und Tee gereicht werden, und gilt weit über die Landesgrenzen hinaus als legendär. Seine Tradition reicht bis ins 18. Jahrhundert zurück. Unvergesslich verewigt hat sie der deutsche

Es ist immer interessant, was sich im Wattboden vor Rømø verbirgt (oben links). Der einstige Wohnsitz eines Walfangkapitäns ist heute Rømøs Museum: Kommandørgården (oben rechts). Beim Drachenfestival Kite Flyers Meeting am Rindby Strand auf Fanø (unten links). Ein Kitebuggy auf Rømø (Mitte rechts). Die Dänen haben ein Herz für Hunde – auch am Strand (unten rechts)

Schriftsteller Siegfried Lenz – mit einem Ferienhaus auf Alsen Kenner von Land und Leuten – in seiner Erzählung „Kummer mit jütländischen Kaffeetafeln". Kaum jemals ist die dänische Vielfalt an Gebäck wie Wienerbrød (Kopenhagener), Lagkage (Torte) und anderen Spezialitäten so liebevoll geschildert worden wie in Lenz' Bericht vom nicht enden wollenden Kuchenerlebnis: „Der Teller auf meinem Platz konnte mein Teller nicht sein, denn ich hatte ihn leer hinterlassen, und jetzt lastete auf ihm, plätteisengroß, ein naturfarbenes Stück

„Wir waren allenfalls auf Gesundheitskaffee und knochentrockene Plätzchen gefasst …"

Siegfried Lenz in „Kummer mit jütländischen Kaffeetafeln"

Nusstorte, mit Buttercreme ehrlich angereichert, eine Spezialität der Hausfrau. Ich beäugte das Stück, stach es, stupste es mit dem Gäbelchen, fragte es ab: Es wollte nichts weiter als bewältigt werden. Meine Nachbarn bedauerten mich, sie waren mir ein Stück im voraus …" Südjütländische Kaffeetafeln finden heute seltener statt als noch vor 20 oder 30 Jahren. Doch die seltene Gelegenheit, sie in Cafés wie „Krusmølle" in Aabenraa, im Kommandørgaarden auf Rømø und im „Dyvig Badehotel" auf Als zu genießen, sollte man sich nicht entgehen lassen.

Messbar glücklich: Dänen

Südjütlands Kaffeetafeln sind nicht zuletzt auch ein Hinweis darauf, wie sehr Dänen Geselligkeit und Gemeinschaft lieben. Sie gehören zum Glücklichsein einfach dazu. Überhaupt kann man dem Glück in Dänemark kaum entgehen. In der Hauptstadt Kopenhagen ebenso wenig wie im Süden Jütlands oder im hohen Norden in Skagen an der Nordspitze des Königreichs. Sogar messbar

Traditionssegler an einem Ausläufer des
Ringkøbing-Fjords bei Nymindegab

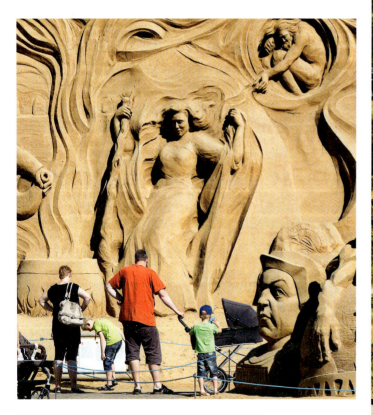

Das Sandskulpturenfestival Søndervig steht jedes Jahr im
Sommer unter einem anderen Motto – hier ein Werk zum Thema
„Die Wikinger" –, das mehr als 120 000 Besucher anzog

Blick vom 39 Meter hohen Leuchtturm
auf Blåvand Strand

ist es. Laut OECD nämlich gehören die fünfeinhalb Millionen Dänen seit Jahren zu den glücklichsten Menschen der Welt. Für ihr „Glücksbarometer" interviewt die Organisation für wirtschaftliche Zusammenarbeit und Entwicklung in 155 Ländern weltweit jeweils 1000 Menschen über 15 Jahren. Das Ergebnis: Eigentlich immer Spitze, musste sich Dänemark im „World Happiness Report" derzeit nur seinen nordischen Nachbarn Finnland und Norwegen geschlagen geben.

„Ich glaube, was meine Landsleute glücklich macht, sind letztlich Geld, Wohlstand und wirtschaftliche Sicherheit", sagt Professor Bent Greve. Der Gesellschaftswissenschaftler von der Universität in Roskilde weiß, wovon er spricht: Greve ist Glücksforscher. „Däne-

Südjütland ist beliebt – nirgendwo in Dänemark ist der Anteil ausländischer Studenten höher.

mark ist ein reiches Land. Und Menschen in reichen Gesellschaften sind generell glücklicher als jene in ärmeren Nationen", so Greve. „In Dänemark vertrauen die Menschen einander. Dann sind wir stolz auf unseren gut funktionierenden Wohlfahrtsstaat. Schule und Gesundheitssystem etwa sind kostenlos. Dies alles heißt, dass wir uns sicher fühlen können – sowohl konkret, etwa wenn wir auf die Straße gehen, aber auch sozial", ergänzt der Soziologe. Zu Letzterem gehört vor allem, dass Männer und Frauen tatsächlich gleiche Chancen auf dem Arbeitsmarkt und im Berufsleben haben: „Unser Land ist, ähnlich wie die anderen nordischen Länder, eine homogene Gesellschaft. Es gibt wenig wirtschaftliche oder gesellschaftliche Unterschiede. Das soziale Netzwerk zwischen den Menschen ist eng. Und es gibt vergleichsweise wenig Einsame und Arme."

Selbst die kleinen Boote im Legoland tragen die weltbekannten Noppen

Hätte der gelernte Tischlermeister Ole Kirk Christansen Ende der 1940er-Jahre nicht die geniale Idee zu seinen stapelbaren Spielklötzen aus Kunststoff gehabt, wäre Billund vermutlich noch immer ein jütländisches Dorf – und ohne die Amsterdamer Grachtenwelt Legolands

Die Sammlung des Koldinger Museums Trapholt widmet sich vor allem der Entwicklung des dänischen Möbeldesigns vom Beginn des 20. Jahrhunderts bis zur Gegenwart

Alt und Neu in Reichweite

Kein Wunder, dass diese gelassene Weltoffenheit auch dem Dänemarkurlauber auf Schritt und Tritt begegnet. Und dazu die kontrastreiche Natur, die den Süden Jütlands bestimmt. Während die Ostsee sich mild gibt und kinderfreundliche Strände in großer Zahl besitzt, wirken die Kräfte der Natur, wirken Meer, Wind und Jahreszeiten an der Nordsee rauer, kraftvoller und ungebändigter.

In Jütlands Westen wechseln sich idyllische Städtchen und Dörfer – darunter mit Ribe die älteste und mit Esbjerg die jüngste Stadt des Landes – mit einigen der breitesten Strände Europas auf den Urlaubsinseln Rømø und Fanø ab – Inbegriff von Strandurlaub, langen Spaziergängen in sauerstoffreicher, heilsamer Meerluft und Aktivurlaub.

Welterbe Wattenmeer

Vor den Toren von Esbjerg liegt eine der jüngsten UNESCO-Welterbestätten Dänemarks: Seit 2014 gehört das Wattenmeer zu dieser illustren Liste. Von der Mündung des Flusses Varde Å nördlich von Esbjerg erstreckt es sich die Nordseeküste entlang über Fanø und Rømø bis zur deutschen Grenze und von dort letztlich weiter über die deutsche Küste bis nach Den Helder in den Niederlanden. Insgesamt besitzt das größte Wattenmeer der Erde eine Fläche von rund 9000 Quadratkilometern, gut 1000 Quadratkilometer davon gehören zu Dänemark.

Typisch für das Wattenmeer sind die Gezeiten. Bei Ebbe werden bis zu einer Milliarde Kubikmeter Wasser hinausgezogen, und nach gut sechs Stunden steht das Wasser dann wieder bis zu zwei Meter höher an der dänischen Küste. Wetter- und Windverhältnisse beeinflussen die Gezeiten stark – vor einem Ausflug ins Watt sollte man Ortskundige immer nach der aktuellen Gezeitenvorhersage fragen. Zu jeder Jahreszeit und bei fast jedem Wetter garantiert eine Wattwanderung Erlebnisse, die kein anderer Naturraum bieten kann.

DUMONT THEMA

AUSTERNSAFARI

Naturtour mit Genussfaktor

Eine Austernsafari im dänischen Wattenmeer gehört zu den außergewöhnlichen Natur- und Gourmetvergnügen an der Nordseeküste – auch oder gerade in der kalten Jahreszeit.

Austern frisch aus der Schale geschlürft –
für viele ein Genuss

Ein Wintermorgen an der dänischen Westküste. Kurz vor acht Uhr am Wattenmeercenter in Vester Vedsted. Die Dämmerung ist nur zu ahnen. Es ist kalt, vielleicht ein, zwei Grad. Kein Tag für Abenteuer.

Der frühen Uhrzeit zum Trotz haben sich Naturfreunde eingefunden, um eine der sensibelsten Naturlandschaften der Welt zu entdecken – das Wattenmeer. Begrüßt werden sie von Klaus Melbye, dem Leiter des Natur- und Ausstellungscenters. Der Ranger führt kurz durch die Ausstellung „Wattenmeer, Marsch und Menschen". Sie macht erlebbar, wie empfindlich die Biosphäre auf Veränderungen reagiert. Wie die Gezeiten arbeiten und Deiche schützen. Welche Kraft eine Sturmflut hat. Und wie Zugvögel, Seehunde und andere Tiere leben.

Dann wird es ernst. „Hier ist eure Arbeitskleidung" – Klaus Melbye zeigt auf eine beeindruckende Auswahl an Wathosen in allen (Schuh-)Größen. Keine Designermode, aber praktisch und vor allem wasserdicht. Dann geht es hinaus. „Das Wichtigste ist, sich die Kräfte einzuteilen", warnt der erfahrene Guide. Und tatsächlich: Fallen die ersten Schritte im quietschenden Schlick noch leicht, machen sich schon nach einigen Hundert Metern die Beinmuskeln bemerkbar. Melbyes GPS-Navigation weist an Prielen und Untiefen vorbei den Weg zu den gut zwei Kilometer vor dem Ufer liegenden Austernbänken. Unterwegs macht der studierte Landwirt regelmäßig Pausen, um auf Besonderheiten hinzuweisen.

Salziges Vergnügen

Sein Thema aber sind die Austern. „Die Austern bei uns im Wattenmeer sind eigentlich Immigranten", sagt Melbye. In den 1960er- und 1980er-Jahren seien die Schalentiere zu Zuchtzwecken vom Stillen Ozean eingeführt worden. Dass sich die Austern vermehren würden, habe niemand erwartet. Melbye: „Eigentlich ist die Nordsee für ihre Fortpflanzung zu kalt." Doch dank Klimawandel, steigender Nordsee-Temperatur – Austern brauchen fünf Wochen lang 20 Grad warmes Wasser zur Vermehrung – und fehlender Feinde leben allein im dänischen Wattenmeer etwa 12 000 Tonnen Austern.

Nach etwa einer Stunde ist das Ziel erreicht – eine Muschelbank. Austern, soweit das Auge reicht. Mal einzeln, mal zusammengewachsen. Im Durchschnitt etwa handgroß. Außerdem kleinere Miesmuscheln. „Austern brauchen festen Untergrund, um zu wachsen – dazu docken sie sich an die Miesmuscheln an." Melbye greift eine Auster und öffnet sie mit seinem Messer, löst das Fleisch und schlürft den Inhalt roh. Da will die Gruppe nicht nachstehen. Der Geschmack? Stark salzig, etwas zäh, aber frisch und intensiv. Muschel eben. Wenig später geht es zurück, die Flut steigt. Der unchristlich frühe Tourstart hatte seinen Grund. Auch der Nebel scheint jetzt dichter. Doch auf GPS und Naturkenner Klaus Melbye ist Verlass. Und wieder am Wattenmeercenter angelangt, steht der wärmende Kakao auf der Genussskala jetzt deutlich höher als jede Auster.

Passend gekleidet auf Austernsafari mit Klaus Melbye

Informationen

Austernsafaris und andere **Naturführungen** im Wattenmeer veranstalten:
Vadehavscentret, Okholmvej 5, Vester Vedsted, Ribe, Tel. 75 44 61 61, www.vadehavscentret.dk
Mandø Event, Midtvej 7, Mandø, 6760 Ribe, Tel. 23 25 53 75; www.mandoevent.dk
Fanø Turistbureau, Skolevej 5–7, Nordby, Fanø, Tel. 70 26 42 00, www.visitfanoe.dk
Sort Safari, Slotsgaden 19, Møgeltønder, Tønder, Tel. 73 72 64 00, www.sortsafari.dk

Weiteres über den **Nationalpark** auf https://de.national parkvadehavet.dk und www.danmarksnationalparker.dk

Am Eingang zu Dänemark

Gleich hinter Flensburg beginnt Dänemarks Urlaubswelt, die für jeden etwas bereithält: Wattenmeerinseln, schier endlose Sandstrände samt bisweilen ruppiger Nordseebrandung, ein waldreiches Binnenland, in dem eine eigene kleine Welt aus Legosteinen überrascht, und traditionsreiche Städte auf der Ostseeseite.

❶ Sønderborg

Die Kultur- und Universitätsstadt (28 000 Einw.) besitzt mit dem neuen Kulturcenter Alsion überregionale Strahlkraft. Die Hauptstadt der Insel Als liegt zu beiden Seiten des Alssunds. Als Hafenstadt besaß der auf Deutsch Sonderburg genannte Ort strategische Bedeutung.

SEHENSWERT
Sønderborgs auch militärischen Wert spiegelt das **Renaissanceschloss** (12.–16. Jh.), heute Museum u. a. zur Geschichte Südjütlands, zur Wiedervereinigung 1920 und zur Kulturgeschichte (Sønderbro 1, https://msj.dk/de; Juni bis Sept. tgl. 10.00–17.00, April, Mai und Okt. Di.–So. 10.00–16.00, sonst Di.–So. 13.00 bis 16.00 Uhr).
Das Geschichtsmuseum **Dybbøl Banke** erinnert an ein nationales Trauma: Hier verloren die dänischen Truppen im Deutsch-Dänischen Krieg 1864 gegen die Preußen (Dybbøl Banke 16, www.1864.dk; April–Okt. tgl. 10.00–17.00 Uhr).

HOTELS UND RESTAURANTS
Auf Nordals verspricht das ruhig gelegene €€€ **Dyvig Badehotel** Hafenatmosphäre (Dyvigvej 31, DK-6430 Nordborg, Tel. 73 16 43 00, www.dyvigbadehotel.dk). Idyllisch am Als Fjord liegt der historische €€ **Ballebro Færgekro** (Færgevej 5, DK-6400 Sønderborg, Tel. 74 46 13 03, www.ballebro.dk).

UMGEBUNG
Gråsten (18 km westl.; um 1700) ist Sommersitz der dänischen Königsfamilie. Öffentlich zugänglich ist nur der Park.

INFORMATION
Sønderborg Turistbureau, Perlegade 50, DK-6400 Sønderborg, Tel. 74 42 35 55, www.visitsonderborg.com

❷ Tønder

Vor 350 Jahren noch am Meer gelegen, galt die frühere Hansestadt (dt. Tondern; 7600 Einw.) bis ins 19. Jh. als eines der europäischen Zentren der Spitzenklöppelei.

SEHENSWERT
Der 48 m hohe Turm der **Christuskirche** (16. Jh.) ist teils offen, um dem Westwind weniger Angriffsfläche zu bieten. Kitsch oder Kunst? In der **Alten Apotheke** findet man beides, ein Apothekenmuseum – und ganzjährig dänische Weihnachtsdekoration (Det Gamle Apotek, Østergade 1, www.det-gamle-apotek.dk; Mo. bis Fr. 10.00–17.30, Sa. 10.00–16.00 Uhr).

MUSEEN
Kunst, Design und Möbeldesign zeigt das **Kunstmuseum Tønder** (Kongevej 51, https://msj.dk/kunstmuseet-i-toender; Juni–Aug. tgl. 10.00–17.00, sonst Di.–So. 10.00–17.00 Uhr). Im **Drøhses Hus** von 1672 dreht sich alles ums Klöppeln (Storegade 14; Ende März–Dez. Mo. bis Fr. 11.00–17.00 Uhr).

UMGEBUNG
In **Møgeltønder** (6 km westl.) lebten auf Schloss Schackenborg bis vor Kurzem Prinz Joachim und seine Familie (Parkbesichtigung möglich). Königlich speisen und nächtigen lässt es sich im €€€ / €€ **Schackenborg Slotskro** (Slotsgade 42, Møgeltønder, DK-6270 Tønder, Tel. 74 73 83 83, www.slotskro.dk).

INFORMATION
Tønder Infocenter, Storegade 2–4, DK-6270 Tønder, Tel. 74 75 51 30, www.visittonder.dk

❸ Rømø

Die 128 km² große Urlaubs- und Wattenmeerinsel (650 Einw.) ist seit 1948 durch einen 9,2 km langen Damm mit dem Festland verbunden. Bei Lakolk und am Sønderstrand darf teils Auto gefahren werden. Vor allem aber sind die **Strände TOPZIEL** ein Dorado für Sommerbadegäste und Aktivsportler (s. auch S. 56). Beim Drachenfestival stehen am Himmel über dem Strand Tausende Lenkdrachen (Sept.).

SEHENSWERT
An Rømøs Zeit als Insel der Walfänger, die vor rund 150 Jahren zu Ende ging, erinnert das einstige Kapitänshaus **Kommandørgården**

Typisches Reetdach-Landhaus auf Rømø (oben). Dybbøl Banke in Sønderborg (unten)

(Juvrevej 60, Toftum, https://natmus.dk/museer-og-slotte/kommandoergaarden; Mai–Sept. Di. bis So. 10.00–17.00, Okt. Di.–So. 10.00–15.00 Uhr). Das **Tønnisgård Naturcenter** erläutert die Natur des Wattenmeers und bietet Touren ins Watt und andere Aktivitäten (Havnebyvej 30, www.tonnisgaard.dk; März–Okt. Mo.–Fr. 10.00 bis 16.00, Juli und Aug. So.–Fr. 10.00–16.00, sonst Mo.–Fr. 10.00–15.00 Uhr).

HOTELS
Das €€€ **Hotel Kommandørgården** gehört zu Dänemarks bekanntesten Adressen (Havnebyvej 201, DK-6792 Rømø, Tel. 74 75 51 22, www.kommandoergaarden.dk).

INFORMATION
Rømø Turistbureau og Infocenter, Juvrevej 6, DK-6792 Rømø, Tel. 73 70 96 50, www.romo.dk

INFOS & EMPFEHLUNGEN

4 Ribe

Dänemarks älteste Stadt (8000 Einw.) lag am Meer, ehe der Hafen im 17. Jh. versandete und Ribes Bedeutung schwand. Nach einem Brand 1580 weitgehend neu erbaut, wirken Fachwerkhäuser und Kopfsteingassen rund um den 900-jährigen Dom wie ein Puppenstubenidyll.

SEHENSWERT
Den schönsten Blick auf **Altstadt TOPZIEL** und Marsch hat man vom **Domturm** (Torvet, www.ribe-domkirke.dk; Juli und Aug. 10.00–17.30 Uhr, sonst kürzer). Stadtgeschichte und Wikingerzeit werden im **Museet Ribes Vikinger** lebendig (Odins Plads 1, www.ribesvikinger.dk; April bis Okt. tgl. 10.00–16.00, Juli und Aug. länger, sonst Di.–So. 10.00–16.00 Uhr). Im **Ribe VikingeCenter** kann man ins Leben dieser Zeit eintauchen (Lustrupvej 4, Lustrupholm, www.ribevikingecenter.dk/de; Juli und Aug. tgl. 11.00–17.00 Uhr, Mai, Juni und Sept.–Mitte kürzer). Das **Ribe Kunstmuseum** zeigt vor allem dänische Werke aus dem 18.–20. Jh. (Skt. Nicolaigade 10, www.ribekunstmuseum.dk; Juli und Aug. tgl. 11.00 bis 17.00, sonst Di.–So. 11.00–16.00 Uhr).

HOTELS UND RESTAURANTS
Das € € € **Hotel Dagmar** eröffnete 1581 und ist das älteste im Königreich (Torvet 1, DK-6760 Ribe, Tel. 75 42 00 33, www.hoteldagmar.dk). **Weis Stue** ist einer der ältesten Gasthöfe des Landes (Torvet 2, Tel. 75 42 07 00, www.weis-stue.dk).

INFORMATION
Visit Ribe, Torvet 3, DK-6760 Ribe, Tel. 75 42 15 00, www.visitribe.com

5 Esbjerg

Dänemarks jüngste Stadt (72 000 Einw.) besitzt den größten dänischen Hafen an der Westküste. Wahrzeichen sind seit 1994 die vier 9 m hohen sitzenden „Menschen am Meer" des Dänen Svend Wiig Hansen am Strand von Sædding.

> **Tipp**
>
> ### Vestkystens Gårdbutik
>
> Seit 2007 betreibt die frühere Lehrerin Dorthe Fjord Tarbensen mit ihrem Mann den 500 Jahre alten Hof und züchtet Charolais-Rinder. Die „Vestkystens Gårdbutik" im umgestalteten Kuhstall ist zweites Standbein. Neben Rindfleisch und -wurst gibt es Kuchen, Gebäck und Marmelade – alles selbstgemacht.
>
> Vestkystens Gårdbutik, Houvig Klitvej 77, Houvig nördl. Søndervig, Tel. 97 33 15 99, www.krogensgaard.net; tgl. 10.00–17.00 Uhr

In Koldings Altstadt (links). „Wikinger" beim Bogenschießen im Ribe VikingeCenter (rechts)

SEHENSWERT
Das **Fischerei- und Seefahrtsmuseum** informiert nicht nur über maritime Geschichte, im Aquarium leben Fische und Robben aus der nahen Nordsee (Terphagevej 2, www.fimus.dk; Juli–Aug. tgl. 10.00–18.00 Uhr, sonst kürzer).

HOTELS UND RESTAURANTS
Das € € € / € € **Hjerting Badehotel** ist eines der klassischen Badehotels am Meer; mit Restaurant (Strandpromenaden 1, DK-6710 Esbjerg V, Tel. 75 11 70 00, www.hjertingbadehotel.dk).

UMGEBUNG
Die Strände von **Blåvand** (40 km nordw.) und **Vejers** (34 km nordw.) gehören zu den schönsten im Land (s. auch S. 56). Blåvands Museum Tirpitz informiert mitten in den Dünen auch in einem früheren Bunker zur Zweite-Weltkriegs-Befestigung Atlantikwall, zum harten Leben an der Nordsee sowie zu Bernstein, dem „Gold des Meeres" (Tirpitzvej 1, Tel. 72 10 84 85, www.tirpitz.dk; Juli–Mitte Aug. 9.00–19.00 Uhr, sonst tgl. 10.00–17.00 Uhr).
Sieben Fährminuten sind es von Esbjerg zur Urlaubsinsel **Fanø** (www.faergen.dk/ruter/fanoefaergen). Das International Kite Flyers Meeting ist Europas größtes Drachenfestival (Mitte/Ende Juni; www.kitefliersmeetingfanoe.de). Zu den Fannikertagen trägt man Trachten (Mitte Juli; www.fannikerdagen.dk).

INFORMATION
VisitEsbjerg – Esbjerg Turistbureau, Skolegade 33, DK-6700 Esbjerg, Tel. 75 12 55 99, www.visitesbjerg.de; Visit Fanø, Skolevej 5–7, Nordby, DK-6720 Fanø, Tel. 70 26 42 00, www.visitfanoe.dk

6 Hvide Sande

Der windumtoste Fischereiort (3000 Einw.) entwickelte sich seit dem Bau der Schleuse zwischen Nordsee und Ringkøbing Fjord 1931. Heute prägen Wassersportler das Bild.

SEHENSWERT
Das **Museum Fiskeriets Hus – Vestkyst Akvariet** informiert über das Leben am und auf dem Meer; im kleinen Aquarium leben Fische aus Nordsee und Fjord (Nørregade 2B, www.fiskerietshus.dk; April–Okt. Mo.–So. 10.00 bis 17.00, sonst Mo.–So. 10.00–16.00 Uhr).

AKTIVITÄTEN
Sportangler aus ganz Europa treffen sich Ende April zum **Sildefestival,** der inoffiziellen Weltmeisterschaft im Heringsangeln (www.sildefestival.dk). Die Küste ist ein Dorado für Windsurfer – ruhiger ist es auf dem Ringkøbing Fjord.

RESTAURANTS
Hafenblick und frische Meeresfrüchte bietet das € € **Under Broen** in Hvide Sande (Toldbodgade 20, Tel. 97 31 30 40, www.underbroen.dk).

UMGEBUNG
Ringkøbing ist als älteste Stadt der Region so etwas wie ihre „kleine Hauptstadt". Marktplatz, Kopfsteinpflastergassen und der Hafen machen den Ort sehr reizvoll. Das Ringkøbing-Skjern Museum zeigt an insgesamt 13 Ausstellungsorten Heimatgeschichte von den Wikingern bis zu Bunkern aus dem Zweiten Weltkrieg (Ringkøbing Museum: Herningvej 4; www.levendehistorie.dk; Juli–Aug. Mo.–Fr. 11.00– 17.00, Sa. und So. 10.00–15.00 Uhr, sonst kürzer).

INFORMATION
Hvide Sande Turistservicekontor, Nørregade 2B, DK-6960 Hvide Sande, Tel. 70 22 70 01, www.hvidesande.dk

7 Billund

Billund (6200 Einw.) ist Sitz des Lego-Konzerns und des mindestens ebenso beliebten Familienparks Legoland.

LEGOLAND BILLUND RESORT
Eröffnet 1968, entstand um die Nachbauten berühmter Gebäude und Stätten aus aller Welt der Familienpark mit mehr als 50 gemütlichen bis rasanten Attraktionen (www.legoland.dk; Kernzeit Ende März –Anf. Nov. nahezu tgl. 10.00 bis 18.00 Uhr, im Sommer länger). Heute ist das Legoland Billund Resort mit dem **Hotel Legoland** (www.hotellegoland.dk), dem Feriencenter **Lalandia** mit Aquadome und Ferienhäusern (www.lalandia.dk), dem **Givskud Zoo** (27 km nordöstl., Løveparkvej 3, Give, www.givskudzoo.dk; Mitte April–Mitte Aug. tgl. 10.00–17.00/18.00 Uhr, Juli–Mitte Aug. länger) eines der beliebtesten Reiseziele Skandinaviens (www.legolandbillundresort.dk). Zudem eröffnete jüngst das Familien-Erlebniscenter **LEGO House** (Ole Kirks Plads 1, www.legohouse.dk; tgl. 10.00 bis 16.00, im Sommer tgl. 10.00–20.00 Uhr).

UMGEBUNG

Die beiden Runensteine (um 950 bzw. 965) vor der Kirche des kleinen **Jelling** (27 km nordöstl.) gelten als frühestes Zeugnis des dänischen Königreichs und gehören zum UNESCO-Welterbe. Das moderne Erlebnismuseum **Kongernes Jelling** nimmt Besucher mit auf eine interaktive Zeitreise (Gormsgade 23, Jelling, https://natmus.dk/museer-og-slotte; Juni–Aug. tgl. 10.00–17.00, sonst Di.–So. 10.00–17.00 Uhr). In der Verwaltungsstadt **Vejle** (55 000 Einw.) macht das Kulturmuseet Spinderihallerne dänische Geschichte im Wortsinn fassbar (Spinderigade 11, www.vejlemuseerne.dk; Di. bis So. 10.00–17.00 Uhr).

INFORMATION

VisitBillund – Billund Centret, Hans Jensensvej 6, DK-7190 Billund, Tel. 79 72 72 99, www.visitbillund.dk

❽ Kolding

Kolding (60 500 Einw.) gehört wie Aabenraa (Apenrade) und Haderslev (Hadersleben) zu Ostjütlands historischen Handels- und Hafenstädten. Das Schloss (13. Jh.), 1808 durch Feuer zerstört, ist wiederaufgebaut heute Museum. Bedeutung gewann Kolding nach 1864, als es eine Zeit lang deutsch-dänische Grenzstadt war.

MUSEEN

Das **Kunstmuseum Trapholt TOPZIEL** zeigt Kunst, Kunsthandwerk, Design und Möbeldesign; Highlight ist das Ferienhaus der Designikone Arne Jacobsen im Garten (Æblehaven 23, www.trapholt.dk; Di.–So. 10.00–17.00, Mi. 10.00 bis 20.00 Uhr). **Schloss Koldinghus** bietet Kunst und Design von der Renaissance bis heute (Mardannersgade 11, www.kolding hus.dk; tgl. 10.00–17.00 Uhr).

UMGEBUNG

Christiansfeld (20 km südl.) zählt wegen seiner Geschichte zum UNESCO-Welterbe, entstanden ab 1773, nachdem König Christian VII. evangelische Herrnhuter ins Land gerufen hatte (Brødremenighedens Museum, Nørregade 14, https://christiansfeldcentret.kolding.dk; tgl. 10.00–16.00/17.00 Uhr). Ihren seit 1783 gebackenen Honigkuchen gibt es bei Brødremenighedens Honningkagebageri (Lindegade 36). In **Haderslev** (33 km südl.) mit gotischem Dom (15. Jh.) lockt die Sammlung aus Tonarbeiten von 1500 bis 1900, Ehlers Lertøjssamling, und das kulturgeschichtliche Haderslev Museum (Slotsgade 20 bzw. 22, www.museum-sonderjylland.dk; Juni–Dez. Di.–So. 12.00–16.00 Uhr). Das **Aabenraa Museum** erinnert an Zeiten, als der Asienhandel Wohlstand brachte (56 km südl.; H. P. Hanssens Gade 33, www.museum-sonderjylland.dk; Juni–Aug. Di.–So. 10.00–16.00, sonst Di.–So. 13.00–16.00 Uhr).

INFORMATION

Visit Kolding, Infopoint Kolding Bibliotekket, Slotssøvejen 4, Tel. 76 33 21 11, www.visit kolding.dk

---

Genießen   Erleben   Erfahren

Wikinger-Winterfreuden

DuMont Aktiv

Der lustvolle Genuss von frischem Meerwasser beschränkt sich nicht allein auf die Sommersaison. Winterbaden findet in Dänemark an Nord- und Ostsee, aber auch an Limfjord und Flüssen immer mehr Anhänger. Am Anfang waren es nur vereinzelte Hartgesottene, die bei ihrem frostigen Bad mal belächelt, mal für verrückt erklärt wurden. Heute könnte man glauben, eine ganze Nation wäre von einem „Fieber" gepackt: Winterbaden findet in Dänemark immer mehr Anhänger. Und das Generationen übergreifend. Nach Schätzungen gehen zwischen November und März oder April rund 30 000 Liebhaber des eisigen Wassers regelmäßig ins den Kreislauf anregende Nass – und das auch bei einer Wassertemperatur von nur etwa zwei Grad Celsius in den winterlichen Nordseewellen. Belohnt wird die Überwindung, die für Könner gar keine solche ist, durch wohlige Glücksgefühle, die durch die schlagartig freigesetzten Endorphine entstehen.

Neu ist das Erlebnis Winterbaden nicht: Schon Ende des 19. Jahrhunderts stürzten sich gesundheitsbewusste Dänen bei eisigen Temperaturen ins Wasser. Ebenso wichtig war die aufkommende Reinlichkeitskultur, die durch die ersten Winterbadeanstalten ebenfalls gefördert wurde – in Großstädten wie Kopenhagen und Aarhus, aber auch in der Provinz. Heute baden dänische Winterbader nicht nur allein, sondern gern auch in der Gemeinschaft. Rund 115 organisierte Winterbadeclubs gibt es im Königreich. Und eine ganze Reihe von Winterbadefestivals, denn gemeinsam lässt es sich leichter gegen die Kälte anschwimmen.

Weitere Informationen

Zu den kühlen Events gehören u. a. das Silvester-Winterbadefestival nördlich von Ringkøbing in Søndervig in Westjütland (31. Dez.), das mit dem Genuss von Champagner und Austern gekrönt wird, und das Winterbadefestival in Skagen, Dänemarks nördlichster Stadt, am letzten Januarwochenende (www.visitdenmark.de/de/nordjutland/natur/winterbaden-danemark)

Ob Badeanzug, Badehose oder Adamskostüm – erlaubt ist alles, wenn es von Jauchzern begleitet ins eiskalte Nass geht

Wo Dänemark(s) Spitze ist

Zwei Meere und zwei Küsten, die seit mehr als 100 Jahren Sommerurlauber ebenso wie Künstler und Wassersportler anziehen, Skagen als nördlichste Stadt im Königreich, der größte Fjord des Landes und traditionsreiche Kulinarik wie Muscheln, Meersalz und Schnaps – zwischen Skagerrak und Kattegat steckt Nordjütland voller Möglichkeiten für Entdecker.

Wer die närrische Jahreszeit verlängern will, muss nach Aalborg, wo Ende Mai Karneval gefeiert wird

Ein sonniger Imbiss zwischendurch in Nørre Vorupør (oben links), wo noch die Fischerboote auf den Strand gezogen werden (oben rechts). Bei Lønstrup wandert die faszinierende, bis zu 70 Meter hohe Wanderdüne Rubjerg Knude langsam Richtung Westen; den 1900 eingeweihten, 23 Meter hohen Leuchtturm Rubjerg Knude Fyr gaben die Sandmassen 2012 erst nach Jahrzehnten wieder frei (unten links). Klitmøller an der Jammerbucht gilt in Europas, ja der globalen Surfer- und Windsurferszene seiner perfekten Wellen wegen als „Cold Hawaii"; in und um Klitmøller finden Events wie der Cold Hawaii World Cup statt (unten rechts)

Mit zwei Füßen in zwei Meeren – Dänemarks Nordspitze Grenen ist Sehnsuchtsziel für jeden, der Natur und ihre Kräfte liebt. Wo Nord- und Ostsee, Skagerrak und Kattegat sich unweit der Hafenstadt Skagen treffen, liegt der nördlichste Punkt Jütlands. Wellen und Wind geben der Landzunge in ihrem ständigen Wechselspiel fortwährend eine neue Form. Morgens, mittags, abends. In Frühjahr, Sommer, Herbst oder Winter. Die Strömungen rund um Grenen sind unberechenbar: Baden ist darum verboten. Doch der meist windumtoste Gang hinaus – der sich im Sommer auch durch die bequemere Fahrt mit dem Traktorbus „Sandormen", dem Sandwurm, erleichtern lässt – und das Eintauchen der nackten Füße ins immer kühle Nass allein genügen schon für bleibende Eindrücke.

An Dänemarks „Nordkap" treffen schäumend zwei Meere aufeinander: Skagerrak und Kattegat.

Wer hier aufs Meer hinausblickt, hat fast immer ein Schiff im Blick. Kein Wunder, denn das Horn Kontinentaleuropas wird Jahr für Jahr von rund 110 000 großen Schiffen passiert. Die unberechenbaren Gewässer vor Grenen, heute dank Radar und GPS sicher zu durchqueren, bildeten einst echte Herausforderungen für Mannschaften und Kapitäne. Vor allem bei schlechter Sicht und Nebel bildete Skagens Rev, die Untiefe vor der Halbinsel nach Norden, eine nicht selten tödliche Gefahr. 1560 wurde deshalb hier auch Dänemarks erstes Leuchtfeuer errichtet – ein Holzbalken auf einem Ständer, an dessen Ende eine Eisenschale mit Kohlen hing. Das Skagen Vippefyr bei Østerby ist ein Nachbau dieses frühen und noch ziemlich

Zum Skagens Museum gehört auch der frühere Speisesaal von „Brøndums Hotel", den Porträts und Gemälde der Skagenmaler schmücken

„Sommerabend bei Skagen" von Peder Severin Krøyer im Skagens Museum

Das Skagen Fiskerestaurant am Fiskehuskajen genießt einen hervorragenden Ruf, dem gern auch manche Geburtstagsgesellschaft folgt

Skagen By- og Egnsmuseum im P. K. Nielsens Vej erinnert an den Alltag der Fischer in Nordjütland und an das Entstehen der Seerettung, weil gerade hier so mancher Fischer und Seemann nicht von See zurückkehrte

In den letzten Jahren hat sich der Urlaubsort Skagen wieder zum größten Fischereihafen Dänemarks entwickelt. Mehr als ein Viertel des dänischen Fischs wird hier angelandet und verarbeitet.

uneffektiven Seezeichens. Es folgte 1748 das 20 Meter hohe Hvide Fyr, Skagens erster echter Leuchtturm. Fast 50 Meter hoch ist das 1858 eingeweihte Grå Fyr, das seinen Namen nach dem grauen Äußeren hat. Mehr als 200 Stufen sind es hinauf – die Anstrengung wird belohnt mit herrlichen Ausblicken auf die gelben Häuser von Skagen, auf den Hafen, Grenen und die Meere.

Ein Licht für Künstler

Das Meer zu beiden Seiten, sein besonderes, stimmungsvolles Licht und nicht zuletzt die zahlreichen authentischen Motive der Hafenstadt mit ihren Fischern, Handwerkern und einfachen, noch heute als wortkarg geltenden Menschen zogen schon vor mehr als 100 Jahren erste „Touristen" nach Skagen: Maler aus allen Teilen des Königreichs. Künstler wie Peder Severin Krøyer (1851–1909), Michael Ancher (1849–1927) und Holger Drachmann (1846–1908) machten das unbekannte Skagen zu einem internationalen Künstlertreff, an dem auch viele Norweger und Schweden leben und arbeiten wollten. Sie alle vereinte der Wunsch, die bis dahin üblichen Großstadtateliers zu verlassen und unter freiem nordischen Himmel krativ zu sein. Bis weit ins 20. Jahrhundert hinein entwickelt sich das abgelegene Skagen so zu einem Gegenpol zur Hauptstadt Kopenhagen mit seiner stilbestimmenden Kunstakademie.

Mittelpunkt des kreativen Lebens war das Hotel von Erik und Ane Brøndum, in dessen Garten legendäre Feste der Bohèmiens stattfanden – bis heute festgehalten auf großformatigen Gemälden des Dichtermalers Holger Drachmann. Und wie es eben so kommt – die Brøndum-Tochter Anna verliebte sich in den Bornholmer Michael Ancher. Die ausgebildete Malerin blieb die einzige Einheimische, die in den Kreis der Künstler aufgenommen wurde und später Weltruhm erlangte. Wie andere, die zur Skagener Künstlerszene gehörten, findet sich auch Anna Ancher auf mehreren Hauptwerken verewigt. Beispielsweise auf dem millionenfach vervielfältigten Gemälde „Sommeraften på Skagen Sønderstrand" des gebürtigen Norwegers Krøyer, das Ancher und Krøyers Frau Marie im weichen Licht eines Sommerabends am Meer festhält.

Etwas von der damaligen Stimmung lässt sich noch heute nachempfinden: beim Besuch im Skagens Museum, das zahlreiche Hauptwerke der Skagenmaler zeigt, im einstigen Wohnhaus der Anchers, bei einem Kaffee in „Brøndums Hotel" oder auf einer Veranstaltung wie dem Drachmann-Literaturfestival.

Strikter Naturschutz gilt an Samsøs Stavns Fjord (oben links). Poul Christensen, Gründer und Chef der Læsøer Salzsiederei an der Salzpfanne (oben rechts). Samsø-Stimmung im Inseldorf Nordby (unten links). Nur auf Samsø in Dänemark kann man mit Pferd und Planwagen Urlaub machen – ein herrliches Erlebnis vor allem für Familien (unten rechts)

Ein Hauch von früher

„Brøndums Hotel" gehört bis heute zu den klassischen dänischen Badehotels, in denen Gäste Geschichte, Tradition und Kultur erspüren können. Sommerstimmung und kreative Atmosphäre gibt es beim Aufenthalt im berühmten Haus als kostenlosen Mehrwert zum Zimmer dazu. Denn neben den Skagenmalern suchte mit Karen Blixen auch die bekannteste Autorin des Landes in der Abgeschiedenheit des Nordens Ruhe und Konzentration, um Mitte der 1930er-Jahre ihren Roman „Jenseits von Afrika" zu schreiben.

Wie das „Brøndums Hotel" haben auch andere Badehotels im Königreich Zeitenstürme und Wandel der Reisegewohnheiten überstanden. Darunter das „Hjerting Badehotel" nördlich Esbjerg, in dem sich Gäste wie zu Zeiten der aufkommenden Badekultur vor 100 Jahren fühlen und verwöhnen lassen können. Oder das „Gilleleje Badehotel" aus der Ära um 1900, das sich 30 Meter über dem Meer am nördlichsten Punkt Seelands erhebt.

Noch gibt es sie, die traditionellen Badehotels für die dänische Sommerfrische.

Ein weiteres Beispiel ist das „Stammershalle Badehotel" auf Bornholm. Das mehr als 100 Jahre alte Fachwerkhaus liegt an der Ostküste unweit Gudhjem, auf sicheren Granit gebaut an der einzigen Felsküste des Landes – mit weitem Blick aufs Meer. Alte Holzböden und eine historisch-idyllische Einrichtung verbreiten einen nostalgischen Charme. Gegründet wurde das Hotel 1911 von einem Berliner Kaufmann, der Gäste aus der deutschen Hauptstadt zur Erholung nach Bornholm lud. Die jetzigen Inhaber Henriette Lassen und Henrik Petersen haben viel vom historischen Ambiente

Gemütlich wirkt Aalborgs altes Zentrum – hier in der Gasse Hjelmerstald (links). Stolz ist man in Aalborg auf das Utzon Center an der Wasserfront zum Limfjord (oben rechts). Frühschoppen in einer Musikkneipe an der Aalborger Slotsgade (unten rechts)

Ein bisschen Brasilien und ein Hauch von Venedig: Karneval in Aalborg

Es macht schon Sinn, wenn Aalborgs Karneval im Mai gefeiert wird: So findet der Umzug oft bei schönstem Sonnenschein und Frühlingstemperaturen statt

bewahrt, jedoch ohne dabei die Komfortbedürfnisse der Gegenwart zu vernachlässigen.

Nicht alle Badehotels konnten den Stürmen der Zeiten trotzen: Das „Løkken Badehotel" an der Nordsee etwa beherbergt heute Ferienwohnungen statt Fremdenzimmer wie 1895, als es im Boom des aufkommenden Badetourismus eröffnet wurde. Ein Tribut an den Wandel des Zeitgeschmacks.

Salzige Erfolgsgeschichte

Es begann als verrückte Idee des Historikers Jens Vellev und des Sozialarbeiters Poul Christensen: Bei Forschungsarbeiten fand Vellev auf Læsø 1990 Reste einer mittelalterlichen Salzsiederei. Die Kattegatinsel war von der Wikingerzeit bis zur Mitte des 17. Jahrhunderts ein Zentrum der Salzgewinnung. Das begehrteste Konservierungsmittel früherer Zeiten findet man im Süden von Læsø sozusagen als salines Grundwasser unter den flachen Salzwiesen, dessen Salzgehalt mit 15 Prozent etwa sechsmal höher ist als im Meerwasser. Archäologen konnten nicht weniger als 2000 Siedeplätze auf der lediglich 101 Quadratkilometer großen Insel nachweisen. Wasser wurde aus Brunnen geschöpft, auf Holzfeuern in Pfannen erhitzt, bis die Salzkristalle bei etwa 25 Prozent Konzentration ausfielen und anschließend an

Das Renaissance-Wasserschloss Voergård entstand Ende des 16. Jahrhunderts. Mit dem wehrhaften Bau verbinden sich diverse Legenden, es soll hier sogar immer wieder spuken

Im Inneren spannt Voergård den Bogen von der Renaissance bis zum Klassizismus

Junge Musikerin vor der Memphis Mansion in Randers

Die Museumsburg Spøttrup südlich der Limfjordinsel Mors geht auf das 14. Jahrhundert zurück und zählt zu den am besten erhaltenen mittelalterlichen Burgen Dänemarks

Den Norden Jütlands prägte über Jahrhunderte eine adlige Feudalgesellschaft, woran bis heute prächtige Schlossbauten und Herrensitze erinnern.

der Luft gekühlt und getrocknet wurden. Irgendwann aber waren Læsøs Wälder gerodet, Winterstürme und Sandflug verschütteten Häuser und ganze Dörfer. 1652 wurde das Salzsieden offiziell verboten – und erst 1991 wieder von „Salzmann" Christensen als historische Forschungs- und zugleich Arbeitsbeschaffungsmaßnahme für Jugendliche und Langzeitarbeitslose aufgenommen. „Siede-Poul", wie ihn die Bewohner von Læsø nennen, entdeckte die 800 Jahre alten, längst vergessenen Techniken neu und machte das „weiße Gold" zum Exportschlager des 21. Jahrhunderts.

Das Provisorium von einst entwickelte sich zu einer Mischung aus Touristenattraktion, lebendigem Museum und Produktionsstätte mit zwei Häusern und drei großen Pfannen, auf denen mit alter Technik pro Jahr mehr als 75 Tonnen hochwertiges Speisesalz erzeugt werden. Læsø-Salz gilt als Delikatesse in Privathaushalten und Gourmetrestaurants mit einem der teuersten Kilogrammpreise der Welt: „Aber unser Salz ist sein Geld wert, denn viele halten es für das beste der Welt. Bei uns ist alles Handarbeit und kein Schritt automatisiert. Hinzu kommt: Die Qualität stimmt", sagt Poul Christensen selbstbewusst. Dass Læsøs Salz auch eine heilende und entspannende Wirkung hat, können Wellnessfreunde seit einigen Jahren bei Læsø Kur im Hafenort Vesterø am eigenen Leib erfahren.

Ein Fjord, der trennt und eint

Dass Dänemarks nördlichste Regionen Vendsyssel und Thy vom kontinentalen Jütland im Süden getrennt sind, bemerkt man dank Brücken und Tunneln nur noch an wenigen Stellen. Doch tatsächlich durchschneidet der Limfjord das Land von Nord- zu Ostsee einmal quer. Bekannt und beliebt ist die 1700 Quadratkilometer große Wasserfläche besonders bei Wassersportlern: Buchten und Windverhältnisse bieten fast das ganze Jahr über beste Bedingungen zum Segeln und Surfen. Und das geschützt vom offenen Meer – anders als im nahen Surfer-Hotspot Klitmøller an der Jammerbucht, wo Windsurfing selbst Profis nicht selten vor Herausforderungen stellt.

Hügelige Ufer, malerische Häfen, abgelegene Sandstrände und Orte wie Nibe, Thisted, Skive, Struer, Lemvig und Løgstør machen den Limfjord zu einem stillen Urlaubsziel für Genießer. Die kommen auch auf den Foodfestivals der Region auf ihre Kosten. Der Limfjord ist nämlich ein Muschel- und Austernland. In den kalten Gewässern werden die nördlichsten Blaumuscheln der Welt ge

Eine bunte Restaurant- und Cafészene und auch Nachtleben haben sich am Åboulevard angesiedelt. Von hier blicken die Flaneure auf den namengebenden Fluss Aarhus Å, der in den letzten Jahren wieder aus seiner Untertunnelung befreit wurde

Dänemark hat ein großes Herz für Oldtimejazz
– auch in der Altstadt von Aarhus

Eisberg nennt sich das neue Aarhus am einstigen Industriehafen am Kattegat (oben). Auch der frühere Güterbahnhof wurde zu einem kulturellen Ort: Café im Kulturzentrum Godsbanen (unten links). Kulturelles Aushängeschild von Aarhus ist das Kunstmuseum ARoS (unten rechts)

erntet. „Muschelhauptstädte" sind Nykøbing Mors und Løgstør, wo alljährlich im Juli ein Muschelfestival und Ende August die „Dänische Meisterschaft im Austernöffnen" stattfindet. Wer statt Meeresfrüchten lieber flüssige Genüsse sucht, kann sich auf der „Schnapsroute" auf die Spuren der regionalen Brandweintradition begeben und rund um den Limfjord nicht nur Zutaten wie Beeren und Kräuter, sondern auch Schlösser und Herrensitze, Kros und alte Klöster kennenlernen.

Das berühmteste Getränk der Region wird übrigens seit Längerem nicht mehr in Nordjütland hergestellt: Der Aalborg Akvavit, der Jubilæumsakvavit und andere Schnäpse mit dem Städtenamen Aalborg auf ihrem Etikett kommen heute aus Norwegen. Die Universitätsstadt Aalborg aber hat die Chance ergriffen, einstige Industrieareale wie die Hafenfront am Limfjord für neue Architektur zu nutzen und Perspektiven für Kultur, Wohnen und Dienstleistung zu schaffen. Damit liegt Aalborg im landesweiten Städtetrend, die eigene Wasserlage neu zu entdecken – mit teils sehenswerten Gebäuden wie dem Utzon Center oder dem neuen Musikhaus. Auch in Aarhus, der europäischen Kulturhauptstadt des Jahres 2017, gibt es städtebauliche Hingucker in Wassernähe wie Isbjerget (Eisberg) und die Bibliothek Dokk 1.

UNSERE FAVORITEN

Strände

Ein Land, zwei Meere

Irgendwann kommt immer das Meer: Egal, wo man sich in Dänemark auch befindet – kein Ort liegt weiter als 52 Kilometer vom Meer entfernt. Dabei könnten die Kontraste nicht größer sein: Im Westen die raue, ungestüme Nordsee. Im Osten die flachen, familienfreundlichen Strände der Ostsee, Fjorde und Sunde.

1 Sønderstrand & Lakolk Strand

Dänemarks größte Nordseeinsel lockt mit dem breitesten Strand Europas: Zwischen Sønderstrand an der Südspitze und Lakolk Strand im Norden ist Rømøs rund 20 Kilometer lange Westküste bis zu sechs Kilometer breit und bietet genug Platz für rasante Sportarten wie Strandsegeln und Kitebuggyfahren, Kitesurfen oder Reiten. Weite autofreie Partien sind aber auch bei Familien mit Kindern populär. Schließlich gibt es hier Sand satt – und vor allem am Sønderstrand ein flaches Meer, in dem auch Kleinkinder baden können. Die Blaue Flagge signalisiert ungetrübtes Badevergnügen!

2 Blåvand & Vejers Strand

Die Nordseeküste zwischen Blåvand, Vejers und Henne bis zum Ringkøbing Fjord zählt zu den meist besuchten Ferienregionen Dänemarks. Die kilometerlangen Strände mit den hohen Dünen bilden im Sommer den Rahmen für Badespaß, im Frühjahr oder Herbst für herrliche, ausgedehnte Strandspaziergänge. Rund um Blåvands Huk ist Baden wegen gefährlicher Strömungen nicht möglich, ansonsten signalisiert die Blaue Flagge unbeschwerte und saubere Badefreuden. Während in Blåvand Autos vom Strand verbannt sind, darf der nahe Vejers Strand auf rund 1500 Metern Länge befahren werden.

3 Nørre Vorupør

Aktiv oder entspannt – die Strände entlang der dänischen Westküste bieten für jeden das Richtige. Besonders attraktiv zeigen sich Küste und Traditionen im Norden: Im kleinen Fischerort Nørre Vorupør in der Region Thy ziehen die Fischer ihre Boote wie einst noch auf den flachen Strand (Häfen sind im dänischen Westen eine Ausnahme). Darüber hinaus ist der endlose, mit der Blauen Flagge ausgezeichnete Strand von Vorupør wie gemacht für Familien-Badeurlaub. Und die Nordsee hier, vor allem aber im nahen Klitmøller, gilt als beliebtes Surfrevier.

4 Grenen

Willkommen an Jütlands nördlichster Spitze. In Grenen kann man mit je einem Fuß in verschiedenen Meeren stehen – mit dem einen in der Nord-, mit dem anderen in der Ostsee. Nur Schwimmen ist aufgrund der gefährlichen Strömungen nicht erlaubt. Grenen, nördlich vom Fischerort Skagen gelegen, kann man vom Parkplatz aus per pedes oder mit dem Traktorbus „Sandormen" erreichen. Besonders eindrucksvoll: der Sonnenuntergang über der Nordsee, den schon die berühmten Skagen-Maler wie P. S. Krøyer und Michael Ancher um 1900 gern auf ihren Gemälden festhielten (heute zu besichtigen im Skagens Museum, s. S. 60).

5 Femmøller Strand

Die Ostsee-Halbinsel Djursland zählt zu den unbekannteren Regionen Jütlands, dabei machen sie zahlreiche flache Sandstrände zum idealen Familienreiseziel. Zu diesen gehört auch Femmøller Strand mit gleich zwei Attraktionen in der Nähe: dem Fachwerkidyll des historischen Ortes Ebeltoft und den bis zu 130 Meter „hohen" Berg von Mols. Die hügelige, wald- und naturreiche Landschaft eignet sich für wunderschöne Spaziergänge oder Wanderungen als Abwechslung vom Badeurlaub. Und nur etwa eine halbe Autostunde entfernt liegt Dänemarks zweitgrößte Metropole Århus entfernt.

UNSERE FAVORITEN

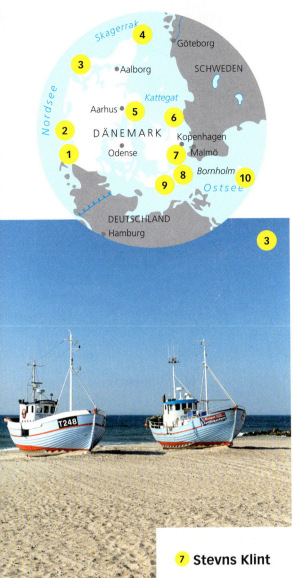

8 Møns Klint

Die weltberühmte Ostküste der Ostseeinsel Møn nennt die einzigen Kreidefelsen Dänemarks ihr Eigen. Die bis zu 130 Meter hohen, atemberaubenden Formationen sind eines der beeindruckendsten Naturschauspiele des Landes (s. auch S. 10/11). Wie ihre „Schwestern" auf Rügen entstanden auch die Kreidefelsen von Møns Klint vor etwa 75 Millionen Jahren. Damals war der größte Teil Nordeuropas von einem tropischen Meer bedeckt – Fossilien finden Besucher von Møns Klint auch heute noch oft. Später dann wurden diese Lagen aufgeschoben, ehe eiszeitliche Gletscher die Kreideformationen verschoben und abschliffen. Den besten Blick auf Kreide- und Tonschichten hat man vom Strand aus, zu dem Holztreppen hinunterführen. Mehr zur aufregenden Geschichte der Kreidefelsen erfährt man im Erlebnismuseum GeoCenter Møns Klint (Stengårdsvej 8, Borre, www.moensklint.dk; April–Okt. tgl. mind. 11.00 bis 17.00 Uhr).

9 Marielyst auf Falster

Marielyst auf der nur einen Katzensprung von Deutschland entfernten dänischen Ostseeinsel Falster gilt als eines der klassischen Feriengebiete Dänemarks. Bis heute ist seine Anziehungskraft ungebrochen. Besonders der endlose Strand macht die Region im Südosten Falsters einmalig: Bøtø Strand bietet auf nicht weniger als 18 Kilometern ungetrübte Sommer- und Badefreuden, ob nun relaxt an und in den Dünen oder aktiv mit Surfbrett oder Boot auf dem Wasser. In der Nebensaison lädt Bøtø Strand zu stundenlangen Spaziergängen ein.

10 Dueodde

Der Strand von Dueodde ist die bekannteste Ferienregion Bornholms. Hier, an der Südküste, zeigt sich die östlichste dänische Insel so ganz anders als an der Felsküste im Norden. Besucher erwartet ein Badeparadies mit kinderfreundlichem Strand, der den vielleicht schönsten Sand Dänemarks besitzt. Über rund 25 Kilometer erstreckt sich die Traumküste zwischen Snogebæk und Boderne. Selbst im Sommer findet jeder Sonnenhungrige darum ein ungestörtes Plätzchen für sich. Vom Parkplatz führt ein etwa 500 Meter langer Holzpfad an den Strand, der somit auch mit Kinderwagen oder Rollstuhl zu erreichen ist. Ein Teil von Dueodde, Jomfrugård, ist als FKK-Strand ausgewiesen.

6 Gilleleje Strand

Der traditionsreiche Fischerort Gilleleje im Norden der Hauptstadtinsel Seeland gilt als eines der beliebtesten Sommerziele der Kopenhagener. Neben zahlreichen alten Häusern, idyllischen Gassen und guten Ausflugslokalen besitzt der Badeort auch heute noch den größten Fischereihafen Seelands. Sein Übriges tut der attraktive, mit der Blauen Flagge ausgezeichnete und sehr kinderfreundliche Strand von Gilleleje.

7 Stevns Klint

Schön und spektakulär zugleich präsentiert sich die südlich von Kopenhagen gelegene Steilküste. Auf einer Länge von etwa 15 Kilometern endet die Insel Seeland hier in einer 41 Meter hohen Klippe. An klaren Tagen geht der Blick weit hinaus auf den Øresund. Ein beliebtes Fotomotiv ist die alte Kirche von Højerup: 1928 stürzten große Teile des Gotteshauses hinunter in die Tiefe – noch heute sind Reste des Erdrutsches am Strand zu erkennen. Die verbliebenen Teile der Højerup Kirke sind jetzt durch Steine und eine Mauer vor weiterer Zerstörung geschützt. Doch ob die Kräfte von Meer und Wind auf Dauer darauf Rücksicht nehmen?

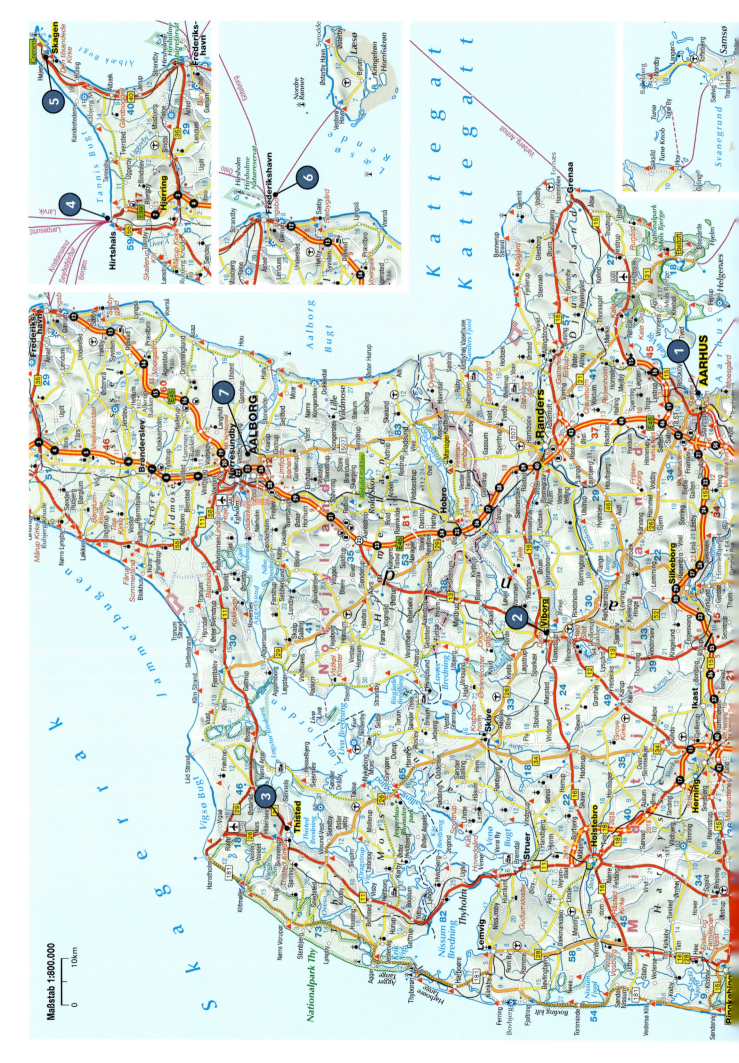

Von zwei Meeren umtost

Zum Norden Jütlands gehören die beiden Großstädte Aarhus und Aalborg, die hier die kulturellen Akzente setzen. Die Westküste säumen beliebte Urlaubsstrände, die im Sehnsuchtsziel Skagen gipfeln. Vergleichsweise still ist es im Binnenland am Limfjord.

❶ Aarhus

Dänemarks zweitgrößte Stadt (340 000 Einw.) ist mit Universität und zahlreichen Hochschulen eine junge Metropole. Die Europäische Kulturhauptstadt von 2017 war schon 928 Bischofssitz (Stadtrecht 1441). Jütlands Oper, Theater, Sinfonieorchester, Ballett und das AROS bieten Kultur vom Feinsten.

SEHENSWERT

Wahrzeichen ist der 60 m hohe Turm des **Rathauses,** das Stararchitekt Arne Jacobsen 1942 entwarf (Rådhuspladsen 2). Gemütlich geht es in der Gasse Møllestien und in der **Altstadt** rund um den Marktplatz und den **Dom St. Clemens** (12.–15. Jh.; Store Torv 1, www.aarhus domkirke.dk; Mai–Sept. Mo.–Sa. 9.30–16.00 Uhr, sonst kürzer) zu.
Am Industrie- und Fährhafen entsteht der neue Stadtteil **Aarhus Ø** mit architektonischen Highlights wie der Bibliothek Dokk1, dem Wohnhaus „Eisberg", Büros, Restaurants, Cafés und dem 2018 eingeweihten Hafenschwimmbad „Bassin 7" vom dänischen Stararchitekten Bjarke Ingels (BIG), in dem man im Sommer citynah baden und entspannen kann.

MUSEEN

Aushängeschild ist das **Kunstmuseum ARoS** mit Kunst der letzten 300 Jahre und dem spektakulären Rundgang „Your Rainbow Panorama" auf dem Dach (Aros Allé 2, www.aros.dk; Di. und Do.–So. 10.00–17.00, Mi. 10.00–22.00 Uhr). Im **Freilichtmuseum Den Gamle By** versetzen rund 80 historische Gebäude Besucher bis ins 17. Jh. zurück (Viborgvej 2, www.dengamleby.dk; Juli und Aug. tgl. 10.00–18.00 Uhr, sonst kürzer). Das **Moesgård Museum,** Dänemarks wichtigste Stätte für Ur- und Frühgeschichte, erzählt von der Vor- bis zur Wikingerzeit (Moesgård Allé 15, www.moesgaardmuseum.dk; Di. und Do.–So. 10.00–17.00, Mi. 10.00–21.00 Uhr).

EINKAUFEN

Das Shopping-Spektrum reicht von kleinen Boutiquen in **Badstuegade, Klostergade, Volden** (dt. Wall), **Studsgade, Borggade** und **Graven** (dt. Graben) über die Kunsthandwerker und Designer von NR4 (Jægergårdsgade 51; http://www.nr4.dk/) bis zu den Kaufhausklassikern **Salling** (Søndergade 27, www.salling.dk) und **Magasin** (Immervad 2, www.magasin.dk).

HOTELS UND RESTAURANTS

Nur zehn Minuten von der City und doch direkt am Strand liegt das €€€ / €€ **Helnan Marselis Hotel** (Strandvejen 25, DK-8000 Aarhus C, Tel. 86 14 44 11, www.helnan.dk). Persönlichen Charme bietet das €€ **Guldsmeden** im Latinerkvarter (Guldsmedgade 40, DK-8000 Aarhus C, Tel. 86 13 45 50, https://guldsmedenhotels.com). Ein angesagtes Restaurant ist das €€€€ **Kähler Villa Dining** (Grenåvej 127, Risskov, Tel. 86 17 70 88, www.villadining.dk). Mit dem €€ **Café Jorden** begann 1985 der Kaffeehaustrend in Dänemark (Badstuegade 3, Tel. 86 19 72 22).

Herrliche Backwaren gibt es bei **Emmerys** (Guldsmedgade 24, Tel. 86 13 04 00, www.emmerys.dk).

VERANSTALTUNGEN

Die **Aarhus Festuge** (Aarhus Festwoche) ist mit Theater, Musik, Tanz u. a. Nordeuropas größtes Kulturevent (Ende Aug.; www.aarhus festuge). Renommiert ist das **Aarhus Jazz Festival** (Mitte Juli; www.jazzfest.dk).

UMGEBUNG

Samsø (3900 Einw.; www. visitsamsoe.dk) gehört mit Badestränden, geschützter Natur und dem Dorf Nordby zu den schönsten Ferieninseln des Landes. Die idyllische Hafenstadt **Ebeltoft** (50 km östl.) besitzt nicht nur das kleinste Rathaus Dänemarks, heute Museum, sondern auch ein bedeutendes Glasmuseum (Strandvejen 8, www.glasmuseet. dk; Juli und Aug. tgl. 10.00 bis 18.00 Uhr, sonst kürzer). Attraktion der Hafenstadt **Grenaa** (63 km nordöstl.) ist das **Kattegatcenter** (s. S. 61). **Randers** (97 000 Einw.; 40 km nördl.) lockt mit Dänemarks einzigem subtropischen Regenwald, dem Randers Regnskov (Tørvebryggen 11, www.regnskoven.dk; Juli und Aug. tgl. 10.00–18.00 Uhr, sonst kürzer) und dem Elvis-Presley-Museum Memphis Mansion (Graceland Randers Vej 3, www.memphismansion.dk; tgl. 10.00–21.00 Uhr).

INFORMATION

VisitAarhus, Dokk1, Hack Kampmanns Plads 2, DK-8000 Aarhus C, Tel. 87 31 50 10, www.visitaarhus.de

❷ Viborg

Viborg (38 500 Einw.) gehört zu den ältesten Städten. Bis 1660 wurden hier vom Landsting alle dänischen Könige eingesetzt.

SEHENSWERT

Den **Dom** (Urspr. 12. Jh.) schmückte Joakim Skovgaard 1901–1913 mit Gemälden biblischer Geschichten aus (Domkirkepladsen; Mai–Aug. Mo.–Sa. 11.00–17.00, So. 12.00–17.00 Uhr, sonst kürzer). Das **Skovgaard Museet** im Alten Rathaus (1728) widmet sich diesem Künstler (Domkirkestræde 2, www.skovgaardmuseet.dk; Juni bis Aug. Di.–So. 10.00–17.00 Uhr, sonst kürzer).

Die Seen Søndersø und Norresø liegen mitten in Viborg (links). Viele historische Häuser prägen den Ortskern von Ebeltoft (rechts)

INFOS & EMPFEHLUNGEN

UMGEBUNG
Hjerl Hede bei Vinderup (42 km westl.) erhält als Freilichtmuseum dänisches Land- und Dorfleben von einst lebendig (Hjerl Hedevej 14, Vinderup, www.hjerlhede.dk; Juli und Aug. tgl. 10.00–18.00, April–Juni, Sept. und Okt. 10.00 bis 16.00 Uhr).

INFORMATION
VisitViborg, Tingvej 2A, DK-8800 Viborg, Tel. 87 87 88 88, www.visitviborg.de

❸ Thisted

Die kleine Handels- und Hafenstadt am Limfjord (13 000 Einw.) ist „Hauptstadt" des ersten dänischen Nationalparks Thy.

HOTELS UND RESTAURANTS
Urlaub macht man in Thisted traditionell im Ferienhaus an der Küste. Eine Alternative bietet das € € **Hotel Thisted** mit hauseigenem Restaurant (Frederiksgade 16, DK-7700 Thisted, Tel. 97 92 52 00, www.hotelthisted.dk). Herzhafte Gerichte und lokales Bier: Henrik Sørensen und Jan Kristensen führen ihr € € **Restaurant Bryggen** am Hafen mit Leidenschaft (Sydhavnsvej 9, DK-7700 Thisted, Tel. 97 92 30 90, www.bryggen.eu).

UMGEBUNG
Das windumtoste **Klitmøller** (14 km westl.) gilt bei Surfern als „Cold Hawaii" (www.coldhawaii.com).
Das MuseumsCenter in der Hafenstadt **Hanstholm** (17 km nördl.) erinnert an die dunkle Zeit der deutschen Besatzung im Zweiten Weltkrieg; für mehr als 600 Bunker wurden 190 000 m³ Beton verbaut (Molevej 29, www.museumscenterhanstholm.dk; Juni–Aug. tgl. 10.00–17.00, Febr.–Mai und Sept.–Okt. tgl. 10.00–16.00 Uhr). Ein wichtiges Stück Kriegsgeschichte dokumentiert das Sea War Museum Jutland in **Thyborøn** (60 km südl.): Am 31. Mai und 1. Juni 1916 fand vor der dänischen Halbinsel die Skagerrakschlacht statt (Kystcentervej 11, www.seawarmuseum.dk; Juni–Aug. tgl. 10.00–17.00, sonst 10.00–16.00 Uhr).

INFORMATION
Thy Turistbureau, Store Torv 6, DK-7700 Thisted, Tel. 97 92 19 00, www.visitthy.com

❹ Hirtshals

Hirtshals (6000 Einw.) gehört zu den fünf größten Fischereihäfen des Landes und ist mit Verbindungen nach Süd- und Westnorwegen auch einer der wichtigsten Fährhäfen im Königreich.

SEHENSWERT
In Nordeuropas größtem Aquarium, dem **Nordsøen Oceanarium**, leben Tausende Meerestiere (Willemoesvej 2, www.nordsoenoceanarium.dk; Juli–Aug. tgl. 9.00–18.00, Mai bis Juni, Sept.–Okt. 10.00–17.00, sonst 10.00 bis 16.00 Uhr).

UMGEBUNG
Mit ihren Stränden gehören **Løkken** (33 km südl.) und **Blokhus** (70 km südl.) zu den beliebtesten Urlaubsorten in Nordjütland. Das Fischer- und Künstlerdorf **Lønstrup** (24 km südl.) besitzt eine atemberaubende Steilküste.

INFORMATION
Hirtshals Turistbureau, Jyllandsgade 10, 9850 Hirtshals, Tel. 98 94 22 20, www.visithirtshals.dk

❺ Skagen

Der Aufstieg zu einem der beliebtesten Ferienorte des Landes begann mit der Künstlerkolonie der Skagenmaler. In den letzten Jahren hat sich der Urlaubsort (8200 Einw.) wieder zum größten Fischereihafen Dänemarks entwickelt.

SEHENSWERT
Dänemarks Nordspitze **Grenen TOPZIEL** ist vom Parkplatz aus in 30 Gehminuten oder per Traktorbus zu erreichen (www.sandormen.dk; s. auch S. 56). Das **Skagen Odde Naturcenter** vermittelt, wie Naturgewalten und Mensch die Gegend prägten (Batterivej 51, www.skagen-natur.dk; Mai–Mitte Okt. Mo. bis Fr. 10.00–16.00, Sa. und So. 11.00–16.00 Uhr).
Die bis zu 35 m hohe Wanderdüne **Råbjerg Mile** vor der Stadt ist mit 2 km² die größte im Norden – sie wandert jährlich 15 m Richtung Nordost.

MUSEEN
Hauptwerke der Skagenmaler zeigt das **Skagens Museum** (Brøndumsvej 4, www.skagensmuseum.dk und https://skagenskunstmuseer.dk; Mai–Aug. tgl. 10.00–17.00, Mi. 10.00–21.00, April, Sept. und Okt. Di.–So. 10.00–17.00 Uhr). Im **Michael & Anna Anchers Hus** wohnte und arbeitete das Künstlerehepaar ab 1884 (Markvej 2, www.anchershus.dk; Mai–Okt. tgl. 10.00–16.00/17.00 Uhr).

HOTELS
Übernachten wie die Skagenmaler kann man in € € € **Brøndums Hotel** (Anchersvej 3, DK-9990 Skagen, Tel. 98 44 15 55, www.broendums-hotel.dk). € € € / € € **Ruths Hotel** in Gammel Skagen ist ein traditionsreiches Badehotel (Hans Ruths Vej 1, DK-9990 Skagen, Tel. 98 44 11 24, www.ruths-hotel.dk).

Nord- und Ostsee an Jütlands Nordspitze Grenen (oben). Skagens Fischereihafen (unten)

VERANSTALTUNG
Das **Skagen Festival** mit Fokus auf Folk- und Bluesmusik ist Dänemarks ältestes Musikfestival (www.skagenfestival.dk; 1. Juli-Wochenende).

INFORMATION
Skagen Turistbureau, Vestre Strandvej 10, DK-9990 Skagen, Tel. 98 44 13 77, www.visitnordjylland.dk, www.skagen-tourist.dk

❻ Frederikshavn

Frederikshavn (35 000 Einw.) ist eine wichtige Hafenstadt mit Verbindungen nach Norwegen, Schweden und zur Urlaubsinsel Læsø.

SEHENSWERT
Der alte Pulverturm **Krudttårnet** (1690) der einstigen Zitadelle erinnert mit einer kleinen militärhistorischen Ausstellung an Festungs- und Flottenstadtzeiten (Kragholmen 2, www.bangsbo.com; Juni–Aug. tgl. 12.00–15.00 Uhr). Etwas Südseefeeling vermittelt Dänemarks einziger Palmenstrand (Nordre Strandvej 22, www.palmestranden.dk; Mai–Sept.).

UMGEBUNG
Zu den schönsten Renaissanceschlössern im Königreich zählt 28 km südl. **Voergård TOPZIEL** (16. Jh.; Voergård 6, Dronninglund, www.voergaardslot.dk; Juni–Aug. tgl. 11.00–16.00, April, Mai, Sept. und Okt. Sa. und So. 11.00 bis 16.00 Uhr). **Læsø** im Kattegat gehört mit alten Dörfern, 17 km Badestrand und hohen Dünen zu den schönsten Ferieninseln (www.visitlaesoe.de). Die Læsø Saltsyderi siedet aus Meerwasser Speisesalz (Hornfiskrønvej 3, www.saltsyderiet.dk; Mai–Okt. tgl. 10.00 bis 16.00/17.00, sonst Mo.–Sa. 10.00–14.00 Uhr).

Vor dem Skagerrak fand die größte Seeschlacht der Geschichte statt – 25 Schiffe sanken, fast 9000 britische und deutsche Seeleute kamen um.

INFORMATION

Frederikshavn Turistbureau, Skandiatorv 1, DK-9900 Frederikshavn, Tel. 98 42 32 66, www.visitfrederikshavn.dk

❼ Aalborg

Die Hafenstadt (205 000 Einw.) war lange von Werft und Schifffahrt geprägt. Heute bestimmen Kultur und Universität das junge Stadtbild.

SEHENSWERT

Wahrzeichen ist die **Budolfikirche** an der Algade mit barockem Turm (ab 1450). In ihrem Schatten liegen das **Heiliggeistkloster** (1431; Klosterjordet 1, www.aalborgkloster.dk; nur Führungen) und das **Jens Bangs Stenhus**, eines der schönsten Renaissancehäuser Nordeuropas (1624; Østerågade 9). **Schloss Aalborghus** (16. Jh.) am Hafen dient heute der Stadtverwaltung.

UNTERHALTUNG

Im **Musikhaus** geben das Aalborg Symfoniorkester und Musiker von Rock bis Pop Konzerte (Musikkens Plads 1, www.musikkenshus.dk).

MUSEEN

Das von Elissa und Alvar Aalto entworfene **Kunsten** ist eines der schönsten Kunstmuseen Skandinaviens (Kong Christians Allé 50, www.kunsten.dk; Di.–So. 10.00–17.00, Mi. 10.00 bis 21.00 Uhr). Das **Utzon Center** war letztes Werk der Designerlegende Jørn Utzon und zeigt u. a. Wechselausstellungen zu Architektur und Städtebau (Slotspladsen 4, www.utzoncenter.dk; Di.–So. 10.00–17.00 Uhr). Das Erlebnismuseum **Springeren** macht Seefahrts- und Werftgeschichte lebendig (Vestre Fjordvej 81, www.springeren-maritimt.dk; tgl. 10.00 bis 16.00, Juli–Aug. tgl. 10.00–17.00 Uhr).

VERANSTALTUNG

Pfingsten findet der größte **Straßenkarneval** Nordeuropas statt (www.aalborgkarneval.dk).

RESTAURANTS

€ € € **Mortens Kro** kombiniert internationale und Neue Nordische Küche (Mølleå 2–6, Tel. 98 12 48 60, www.mortenskro.dk). An Aalborgs ältestem Platz liegt die Bierquelle € € **Søgaards Bryghus** (C.W. Obels Plads 1A, Tel. 98 16 11 14, www.soegaardsbryghus.dk).

UMGEBUNG

Lindholm Høje TOPZIEL (6 km nördl.) gehört zu Dänemarks bedeutendsten Frühzeitstätten (s. auch S. 23). Maritime Kulturgeschichte spiegelt in **Løgstør** (48 km westl.) das Limfjordsmuseum (Kanalvejen 40, Tel. 98 67 17 05, www.limfjordsmuseet.dk; Mitte Juni–Aug. tgl. 10.00 bis 17.00, Mitte April–Mitte Juni, Sept. und Okt. Sa. und So. 10.00–17.00 Uhr).

INFORMATION

VisitAalborg, Kjellerups Torv 5, Kesselhalle des Kulturcenters Nordkraft, DK-9000 Aalborg, Tel. 99 31 75 00, www.visitaalborg.com

Genießen · Erleben · Erfahren

Mit Haien tauchen

DuMont Aktiv

Im Kattegatcenter lohnt schon der „normale" Besuch: Das architektonisch gelungene Salzwasseraquarium im Hafenstädtchen Grenaa stellt in zahlreichen großen und kleineren Becken Besuchern unbekannte Unterwasserwelten vor. Die Kattegataquarien geben zum Beispiel Einblicke in die heimischen Meere. Schwärme von Dorsch, Hornhecht und Butt oder Rochen tummeln sich im riesigen Oceanariet, das mit 1,5 Millionen Litern Meerwasser gefüllt ist. Auch fünf heimische Haiarten wie Dorn- und Katzenhai fühlen sich hier sichtlich wohl. Nur eine 16 Zentimeter dicke Acrylglasscheibe trennt Besucher und Fische.

Mutige dürfen aber sogar die andere Scheibenseite des Oceanariums erkunden – im Rahmen eines Tauchgangs mit einem der Tauchlehrer des Kattegatcenters. Nach einer ausführlichen Einweisung und zehnminütigen Trockenübungen geht es ins 18 °C Grad kalte Wasser, zu Haien, Meerforellen & Co. – näher kommt man der dänischen Unterwasserwelt nur beim Tauchen vor der Küste selbst. Dort ist das Wasser allerdings nicht immer so klar wie hier. Der Tauchlehrer ist immer dabei, sodass sich auch Anfänger jederzeit sicher fühlen können. Nach beendetem (Tauch-)„Abenteuer" erhält jeder Teilnehmer ein Tauchdiplom. Die Tauchgänge sind beliebt – wer früh kommt, hat deshalb die besten Aussichten, dabei zu sein. Es gibt aber auch eine gute Alternative: Kleine und große Unterwasserforscher können mit einer Taucherglocke in die Tiefe gehen. Das Erlebnis dauert acht Minuten und ist deutlich preiswerter.

Weitere Informationen

Kattegatcentret, Færgevej 4, Grenaa, Tel. 86 32 52 00, www.kattegatcentret.dk; Ende Juni–Mitte Aug tgl. 10.00–17.00, Jan.–Juni und Mitte Aug.–Okt. tgl. 10.00 bis 16.00, Nov. und Dez. Di.–So. 10.00 bis 16.00 Uhr. Probetauchen kostet 795 DKK; wer bereits ein Tauchzertifikat und eine eigene Ausrüstung besitzt, zahlt 685 DKK.

Perspektivenwechsel – im Kattegatcentret haben Besucher die Möglichkeit, Meeresbewohnern wie Haien und Rochen ganz nah auf die Schuppen zu rücken

Das Zentrum Skandinaviens

Gemütlich und innovativ, traditionell und weltoffen, grün und futuristisch – ein Besuch in Dänemarks Hauptstadt Kopenhagen zeigt Nordeuropas größte Metropole, die einen eindrucksvollen Sprung vom Geheimtipp zum Szeneziel macht. Seeland, die größte Insel der Ostsee, fasziniert aber auch außerhalb der Hauptstadtgrenzen mit Königsschlössern, Urlaubsküsten und (Kunst-)-Museen von Weltrang.

Der Nyhavn ist Kopenhagens gar nicht mehr so „neuer Hafen". 1673 fertiggestellt, ist er heute pulsierende Vergnügungsmeile der dänischen Metropole

Entweder per Rad oder mit dem Kanu unterwegs:
Die Kopenhagener sind umweltbewusst

Der 1673 geflutete Stichkanal Nyhavn endet am Kongens Nytorv, wo das Thotts Palais,
Sitz der französischen Botschaft, einen würdigen Abschluss bildet

KOPENHAGEN · SEELAND

Nie mehr allein: Kopenhagens Lille Havfrue an der Langelinie

Ein Sprung ins kühle Nass ist hier immer möglich: Parkanlage an Islands Brygge

Die nur 1,25 Meter große Bronzefigur der Kleinen Meerjungfrau, der mehrfach Kopf oder Arm abgetrennt wurden, ist das meistfotografierte Kunstwerk des Landes.

„Wir wissen es alle: Kopenhagen ist etwas ganz Besonderes." Ein populäres Stadtmagazin in der dänischen Hauptstadt brachte auf den Punkt, was die rund 1,3 Millionen Kopenhagener täglich erleben: Die Metropole am Øresund hat sich in den letzten 20 Jahren von einer lange verschlafen wirkenden Großstadt mit reichlich Dorfflair zur echten Boomtown entwickelt. Und sich vom Nordrand mitten ins Herz Europas verlagert.

Aus der 1043 schlicht als „Havn", als Hafen, erstmals erwähnten Stadt kommen kreative Impulse, die auf dem ganzen Kontinent, ja weltweit aufhorchen lassen. Zentrale Stichworte sind die Neue Nordische Küche mit ihren Spitzenköchen wie Rasmus Kofoed, Claus Meyer oder René Redzepi vom „Noma", dem lange besten Restaurant der Welt. Ebenso aufregend sind Kopenhagens zeitgenössische Architektur im neuen Stadtteil Ørestad und am wiederentdeckten Hafen, wo Henning Larsens imposante Oper, das Schauspielhaus, Wohn- und Geschäftshäuser, aber auch das einzige innerstädtische Hafenbad Europas echte Hingucker sind. Und nicht zuletzt sorgt Kopenhagens gelungene Umwelt- und Verkehrspolitik für Aufsehen: Bis 2025 will die Europäische Umwelthauptstadt von 2014 CO_2-neutral sein.

Am liebsten per Rad

Schon 35 Prozent der Kopenhagener fahren heute mit dem Rad zu Arbeit, Einkauf, Schule, Universität oder Ausbildungsplatz. In wenigen Jahren soll bereits die Hälfte der innerstädtischen Wege per Zweirad zurückgelegt werden. Wesentlicher Impuls dazu ist die perfekte Infrastruktur, zu der auch der neue, 13 Kilometer lange Hafenring für Radler und Fußgänger gehört. Mit seinen spektakulären Brücken verbindet er Altstadt diesseits mit neuer Oper, Christianshavn und dem Event-Viertel Papirøen jenseits des Wassers. Auch Touristen können umweltfreundlich unterwegs sein: Hunderte weiße Citybikes stehen an zentralen Orten wie dem Rathausplatz und am Kongens Nytorv für kleinere oder größere Touren bereit – die Pedelecs besitzen einen Tabletcomputer mit GPS, der Routen vorschlägt und Sehenswertes erklärt.

Apropos sehenswert: Am besten lassen sich Kopenhagens Entwicklung und seine faszinierenden Kontraste von oben erleben. Wer den rund 200 Meter langen Schneckengang des knapp 42 Meter hohen Rundetårn, des Runden Turms an der Købmagergade in der Altstadt, hinaufsteigt, wird bei klarem Wetter mit einem unvergesslichen Ausblick belohnt. Schon Zar Peter der Große fuhr 1716 mit

Den Amalienborg Plads umgeben vier gleich gestaltete Palais. In einem lebt die königliche Familie – alltäglich gibt es dort um 12.00 Uhr eine Wachablösung (oben links). Nur einen Steinwurf entfernt, zeigt die 1894 geweihte Frederikskirche ihre mächtige Kuppel (unten rechts). Schloss Rosenborg beherbergt unter anderem die dänischen Kronjuwelen (oben rechts). Und die Einkaufsmeile Strøget durchzieht auch den Amagertorv; im Hintergrund ragt die auf das 13. Jahrhundert zurückgehende Nikolaikirche auf, die heute ein Museum für moderne Kunst beherbergt (unten links)

Kutsche und Gefolge empor, um von der Aussichtsplattform des Renaissancebaus, der ursprünglich als astronomisches Observatorium und Universitätsbibliothek entstanden war, gen Südosten zum Øresund zu blicken. Dort ragen heute die mehr als 200 Meter hohen Pylone der Øresundbrücke auf. Davor streben Wohn- und Bürotürme in den neuen Stadtteilen Ørestad und Amager Strandpark zum Himmel. Die Goldkugel am Kirchturm der Christians Kirke erstrahlt über dem historischen Hafen- und Werftenstadtteil Christianshavn – und dem berühmt-

Das rasant wachsende Kopenhagen sieht sich als Teil der übernationalen Metropolregion am Øresund.

berüchtigten „Freistaat Christiania", der seine wilden Zeiten allerdings längst hinter sich hat.

Wachsende Metropole

Im Süden erkennt man Schloss Christiansborg mit dem Parlament, dem Folketing, im Nordosten das Königsschloss Amalienborg. Gleich unterhalb des Geländers scheinen fast zum Greifen nah Universität und Domkirche zu liegen. Nur wenige Meter dahinter der schmale Backsteinturm des Rathauses – mit 100 Metern der höchste Punkt der Gamle by, der historischen City. Jahrelang diskutierten Stadtplaner, Politiker und Bürger, ob auch in Kopenhagens Zentrum Hochhäuser entstehen sollten. Die Pläne sind vom Tisch – zum Glück. Doch rund um seinen historischen Kern wächst und verdichtet sich Kopenhagen zusehends. Die größte Metropole Skandinaviens ist eine wachsende Stadt: Jahr für Jahr ziehen 20 000 Menschen zu. Neuer Wohnraum entsteht am Stadtrand und am Hafen auf früheren Werft-, Kai- und Lagerflächen.

Der neue Stadtteil Ørestad ist Sitz der TV- und Radioanstalt Dansk Radio, deren gestalterisches und akustisches Meisterstück der Konzertsaal

Einblicke in heimische und tropische Unterwasserwelten bietet Nordeuropas größtes Aquarium: der Blaue Planet, das am Kopenhagener Øresund-Ufer liegt

Das 1890 gegründete Designmuseum Danmark ist die bedeutendste Ausstellungsstätte für industrielles Design und angewandte Künste in ganz Skandinavien

Strøget und Sterneküche

Mit architektonischen Perlen wie der Oper, dem neuen Schauspielhaus und dem „Schwarzen Diamanten", dem modernen Anbau der altehrwürdigen Königlichen Bibliothek, hat sich Kopenhagens Hafen zu einer beliebten Kulturmeile entwickelt. Auch gastronomische Highlights finden sich rund um den Hafen – etwa das zu den weltbesten Restaurants zählende „Noma" im Viertel Christianshavn unweit des „Freistaats Christiania" oder der Street-Food-Markt Reffen auf dem alten Werftgelände Refshaleøen, gleich gegenüber der Kleinen Meerjungfrau. Und am Kai von Islands Brygge sorgt an heißen Sommertagen das Hafenschwimmbad für Abkühlung. Auch Kopenhagens Wahrzeichen, die Kleine Meerjungfrau, sitzt natürlich am Hafen – an der Langelinie.

Kopenhagens Shopping-Herz schlägt rund um Strøget – „Der Strich" war bei seiner Einweihung 1962 mit über einem Kilometer Länge die längste Einkaufsmeile der Welt. Sie beginnt an der Flanier- und Feiermeile Nyhavn und Kongens Nytorv und führt rund zwei Kilometer bis zum Rathaus. Dort liegt mit dem Vergnügungspark Tivoli Kopenhagens zweite weltberühmte und traditionsreiche Attraktion. Bereits 1843 eröffnet, gehört er zu den ältesten Familienparks der Welt. Mehr als

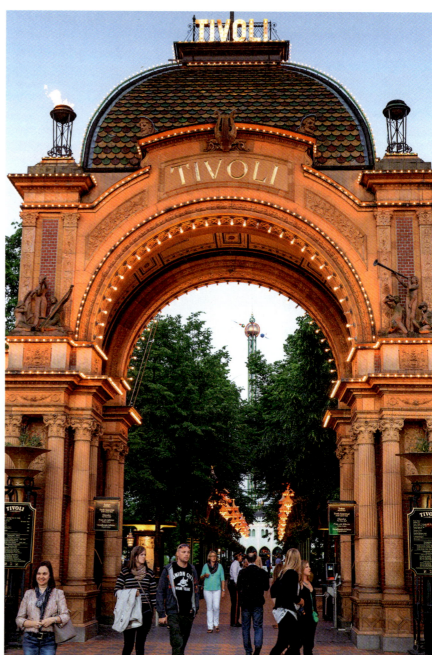

Zum nostalgisch anmutenden Teil Tivolis gehören der Eingang, die Uniformen des Personals und die im Stil historischer Straßenbahnen gestaltete Tivolibahn

Auch im chinesischen Ambiente hielt die Moderne im Tivoli Einzug

Die Jægersborggade in Nørrebro – das Viertel zählt dank der hohen Dichte an hier lebenden Studenten und Einwanderern zu den angesagtesten und buntesten Stadtteilen Kopenhagens

Der Tivoli schwankt seit jeher zwischen Nostalgie und Umsatz bringender Moderne.

Schloss Frederiksborg gilt als ein Gesamtkunstwerk der Renaissance (oben und unten rechts). Zu einem Seefahrtsmuseum gehören zwingend Galionsfiguren, so auch zum Helsingørs Museet for Søfart (links unten)

Louisiana, das Museum für moderne Kunst, wurde 1958 vom Fabrikanten Knud Jensen gegründet und zeigt bis heute moderne Klassiker wie diese Skulptur von Alexander Calder – doch auch die Gartengestaltung lohnt einen Blick

BIERLAND DÄNEMARK

Dänemark feiert Ølrekord

 Special

Dänemark hat sich in den letzten Jahren zu einem der bekanntesten Reiseländer für Genießer entwickelt – Stichwort: Neue Nordische Küche. Dass in Dänemark auch das traditionelle Bier eine Renaissance erlebt, wissen aber oft nur Kenner.

Tatsächlich gibt es über das ganze kleine Königreich verteilt neben den Weltmarken Tuborg und Carlsberg aktuell rund 170 Brauereien, von denen die meisten individuelle Haus- und Mikrobrauereien sind. Damit ist Dänemark das Land mit der höchsten Brauereidichte in ganz Europa. 2017 stellte das Biergenussland Dänemark sogar einen neuen Rekord auf: Insgesamt wurden laut Fan-Homepage beerticker.dk 2017 nicht weniger als 1622 neue Biere präsentiert. Zu den besten Kleinbrauereien gehören dabei seit Jahren das Brauhaus „Mikkeller" in Kopenhagen, das mehr als 100 Varianten im Angebot hat. Weitere Spitzenbrauereien sind das „Nørrebro

Bryghus", ebenfalls in der Hauptstadt beheimatet, oder das „Fur Bryghus" auf der gleichnamigen Limfjordinsel. Den besten Überblick über die ganze dänische Biervielfalt erhält man übrigens am „Tag der Brauereien", dem alljährlich im Herbst stattfindenden Øllets Dag (http://ølletsdag.dk).

30 historische und neue Fahrgeschäfte von der 100 Jahre alten Holz-Achterbahn bis zum 5-G-schnellen „Vertigo" ziehen 1,3 Millionen kleine und große Gäste im Jahr an. Besonders stimmungsvoll ist ein Besuch zu „Halloween" im Herbst oder auch zu „Jul i Tivoli" in den Adventswochen.

Doch egal, zu welcher Jahreszeit, anschließend folgt am besten ein Bummel durch Vesterbro, neben dem internationalen Nørrebro der derzeit angesagteste In-Stadtteil Kopenhagens. Wer individuell essen gehen oder einkaufen will, ist hier richtig.

Land der Schlösser

Nördlich von Kopenhagen beginnt – zumindest für die Kopenhagener selbst – Seeland. Die mit 7030 Quadratkilometern größte Insel Dänemarks zeigt hier entlang dem Strandvej am Øresund, der berühmtesten und teuersten Straße des Königreichs, einige ihrer schönsten Seiten. Rungstedlund zum Beispiel, den Wohnsitz der Schriftstellerin Karen Blixen (1885–1962), die 1937 mit „Jenseits von Afrika" berühmt wurde. Und natürlich das Louisiana bei Humlebæk: Das wohl schönste Museum für moderne Kunst Dänemarks – und zugleich eines der berühmtesten der Welt – nennt überdies einen wunderbaren Garten mit

In Langhäusern wie diesem Nachbau in Trelleborg verbrachten die Wikinger die nordischen Winter

Museales Prunkstück: aus dem Roskildefjord geborgenes Wikingerschiff

Rungstedlund: In dem Haus, in dem Karen Blixen ihren Lebensabend verbrachte, widmet sich heute ein Museum dem literarischen Nachlass der Autorin von „Jenseits von Afrika"

Schloss Kronborg besitzt nicht nur den größten Rittersaal des Landes. Zwei Heldengestalten sorgen für Weltruf: Shakespeare siedelte sein Drama „Hamlet" hier an. Und die Skulptur des schlafenden Riesen Holger Danske wird erwachen, wenn seiner Heimat Gefahr droht

Seeland bildet ein buntes Kaleidoskop aus Schlössern, Parks und Erinnerungen an große Vergangenheit.

Bilderbuchblick auf den Øresund sein Eigen. Von dort ist es nicht mehr weit zur legendären Hamletstadt Helsingør, wo Dänemarks Nationalheld Holger Danske in den Kasematten von Schloss Kronborg über sein Land wacht und das neue Museet for Søfart in einem umgebauten Trockendock von Geschichte und Gegenwart einer der großen Seefahrernationen der Welt erzählt.

Apropos Schloss: Seelands Norden ist Schlösserland. Mit Frederiksborg und Fredensborg liegen gleich zwei der großen Königsschlösser im „Nordseeland der Könige". Auch zur geschichtsträchtigen Domstadt Roskilde ist es nur einen Katzensprung: Die Universitätsstadt zeichnet anhand der hier im Roskildefjord gefundenen Wikingerschiffe eindrucksvoll Dänemarks reiche Wikingergeschichte nach. Und im Dom des einstigen Königssitzes wurden seit 1412 alle Monarchen des Landes – den Anfang machte damals Margrete I. – bestattet.

Etwas weiter südlich, bei Slagelse, lässt sich noch ein weiterer Blick auf nordmännisches Erbe werfen. Trelleborg gilt mit 137 Metern Durchmesser als größte Wikingerfestung Dänemarks. Einst strategisch zentral am Großen Belt gelegen, bot sie bis zu 1300 Menschen Platz. Die Ringburg mit ihrem fünf Meter hohen Wall wurde von Harald Blauzahn kurz vor dem Ende des ersten nachchristlichen Jahrtausends errichtet, erst zwischen 1934 und 1942 ausgegraben und mittlerweile teilweise rekonstruiert.

Bis zu den weißen Felsen

An der Nordküste Seelands prägen traditionsreiche Badeorte wie Hornbæk und Gilleleje und die „Seeländische Schweiz" von Odsherred das Bild vom dänischen Strand- und Sommerleben. Im Westen verbindet bei Korsør die Brücke über den Großen Belt die Landesteile. Das romantische Inselgefühl kann das imposante Bauwerk Seeland aber ebenso wenig nehmen wie ihr Pendant im Osten, die Øresundbrücke.

Der Südosten von Seeland besitzt eine bedeutende UNESCO-Weltnaturerbestätte. Die 15 Kilometer lange und bis zu 40 Meter hohe Steilküste Stevns Klint mit ihren zahlreichen Fossilien gehört zu den wenigen Orten der Welt, an denen Spuren eines gewaltigen Meteoriteneinschlags vor rund 65 Millionen Jahren zu sehen sind. Wissenschaftler glauben, dass die der apokalyptischen Katastrophe folgenden massiven globalen Klimaveränderungen verantwortlich für das Aussterben der Hälfte aller Lebewesen der Erde waren, darunter auch das der Dinosaurier.

DUMONT THEMA

NEUE ARCHITEKTUR

Mit der Metro in die Zukunft

Kopenhagen setzt Zeichen in Sachen zeitgenössischer Architektur. Sehenswert sind vor allem der „Schwarz Diamant" als Anbau der altehrwürdigen Königlichen Bibliothek, die neue Oper oder das Schauspielhaus am Hafen. Gleich ein ganz neuer Stadtteil ist die Ørestad zwischen Altstadt, Øresund und Kopenhagens Flughafen.

Das Tietgenkollegiet bildet ein geschlossenes Rund

Das neue Kopenhagen beginnt am Kongens Nytorv. An der Metrostation in der Altstadt der dänischen Hauptstadt und im Schatten traditionsreicher Adressen von Königlichem Theater und Luxuskaufhaus Magasin du Nord erwartet mich Saana Rönkönharju. Sie nimmt mich mit auf eine Architekturtour in Kopenhagens neuen Stadtteil Ørestad auf der Insel Amager. „Die Metro ist eines der modernsten öffentlichen Verkehrsmittel der Welt – und so etwas wie die Lebensader der Ørestad", begründet die finnische Architektin den Treffpunkt. „Als Besucher erlebt man mit der Metro die Kontraste der dänischen Hauptstadt noch deutlicher als mit Rad oder Auto: hier die jahrhundertealte historische City, dort die futuristische Architektur der Ørestad."

Bereits auf dem Weg per Rolltreppe zum Bahnsteig fällt die helle Metrostation auf, deren 2005 mit dem Nordischen Lichtpreis, dem Nordisk Lyspris, ausgezeichnetes klares Design teilweise vom dänischen Designer Knud Holscher stammt. Und schon fährt die M1 ein. Lautlos öffnen sich die Glastüren zur führerlosen U-Bahn. Bei Islands Brygge wird das Tageslicht erreicht. Nach zwölf Minuten Ausstieg an der Station Ørestad. Mit Skandinaviens größtem Kaufhaus, Field's, und dem Hauptsitz des Pharmaunternehmens Ferring sind hier zwei der ersten Anrainer der Ørestad zu finden.

Lebenswert und prämiert

Wir erreichen nach wenigen Minuten das Ørestad Gymnasium. Der helle, öffentliche Bau des Architekturbüros 3XN ist mehr als „nur" funktional: Als eines der zentralen öffentlichen Gebäude der Ørestad – in der heute bereits rund 9000 von bald 20 000 Menschen wohnen – wirkt die 12 000 Quadratmeter große Schule wie eine Landmarke zu den Stichworten Offenheit und Flexibilität. Gelernt wird in freien Arbeitsräumen, diskutiert oder entspannt in für alle zugänglichen Ruhezonen. Dass im 2007 eingeweihten Ørestad Gymnasium mehr als 1100 Schüler lernen, mag man kaum glauben.

Gleich nebenan liegen zwei der großen und mehrfach prämierten

Offenheit und Flexibilität prägen das Ørestad Gymnasium und schaffen beste Voraussetzungen für gemeinsames Lernen

DUMONT THEMA

Das Bella Sky Hotel, mit 814 Zimmern das größte Hotel Skandinaviens, wurde 2011 eröffnet (oben). Hinter den gezackten Balkonen der VM Husene liegen 200 Eigentumswohnungen (unten)

Offene Bauweise mit Nachteilen

Anschließend fahren wir wieder zwei Stationen Metro, zurück Richtung Kopenhagener Innenstadt. Ausstieg DR byen: Auffällig strahlt uns ein blauer Kubus entgegen, der 2009 eingeweihte Konzertsaal des Dänischen Rundfunks (DR) aus der Ideenschmiede des Architekten Jean Nouvel. Über einen Glasgang mit dem Konzerthaus verbunden – und getrennt durch einen Kanal, der die gesamte Ørestad durchzieht – sind die Sende- und Verwaltungsbauten des dänischen Radios und Fernsehens DR. Auch sie ebenso funktional wie sehenswert. Ausnahmen bestätigen die Regel: Die offene Bauweise führte dazu, dass Mitarbeiter im Winter in den Büros froren.

Die letzte Etappe unserer Ørestad-Erkundung führt gleich hinter der „Radio-Stadt" zu Kopenhagens IT-Universität, einem kreativen Studien- und Zukunfts-Freiraum vom dänischen Architekten Henning Larsen, der auch Kopenhagens Neue Oper am Hafen schuf (2002). Schräg gegenüber zeigt sich das runde Tietgenkollegiet als Ergebnis eines Architekturwettbewerbs für das „Studentenwohnheim der Zukunft". Der Entwurf von Boje Lundgaard, Lene Tranberg und der Landschaftsarchitektin Marianne Levinsen und der Consulting-Stiftung COWI ist ebenso sehens- wie lebenswert. Fast 400 Studenten hausen in dem runden Wohnheim, der typisch nordische Gemeinschaftssinn spiegelt sich in den beliebten gemeinsamen Wohn- und Küchenräumen wider. Räume zum Diskutieren, Reden und Leben. Endpunkt unserer Ørestad-Tour ist Boligslangen, ein lang gestrecktes Wohngebäude mit insgesamt knapp 300 Eigentums-, Genossenschafts- und Mietwohnungen. Die „Wohnschlange" größter Komplex der Ørestad, stammt von Domus Arkitekter (Erstbezug 2005/2006).

Wohngebäude der Ørestad: Die charakteristischen VM Husene (2005) mit den gezackten, schiffsförmigen Metallbalkonen entwarfen 2001 die Architekten Julien de Smedt und Bjarke Ingels vom Büro PLOT. Inzwischen selbstständig, gestaltete der längst zum Nachwuchsstar am Architekturhimmel aufgestiegene Ingels auch den VM Bjerg (2008) – ebenfalls mit Eigentumswohnungen, die auf elf Etagen verteilt sind und alle einen eigenen Balkon besitzen. So spektakulär ist das Haus, dass sich seine Bewohner immer wieder neugieriger Besucher erwehren müssen, die keine Privatsphäre kennen.

Wir fahren zurück zum historischen Zentrum Kopenhagens. Ausstieg Kongens Nytorv, im „klassischen" Kopenhagen. Ob zukünftige Generationen die Ørestad genauso lebenswert finden wie wir die Altstadt der dänischen Metropole? Diese Frage bleibt offen. Potenzial für eine positive Antwort ist aber vorhanden.

Fakten & Informationen

Themen-Stadtrundgänge zu Kopenhagens neuer Architektur oder sehenswerten Stadtteilen bieten mehrere Anbieter, darunter das Dänische Architektur Center (Bryghuspladsen 10, 1473 Kopenhagen K, Tel. 32 57 19 30, www.dac.dk). Reizvolle Führungen bieten auch die Architekturguides von Experience Ørestad an (Programm online auf www.experienceorestad.dk/in-english/about/).

KOPENHAGEN · SEELAND
78 – 79

Kopenhagens Neue Oper am Hafen

Im Jahr 2011 wurde das Gebäude 8-tallet als bestes Wohnhaus der Welt gekürt; Architekt Bjarke Ingels entwarf es in der Form der Zahl Acht

Die nordische Metropolregion

Sie leben in der schönsten Stadt der Welt – glaubt man den Kopenhagenern. Über Jahrhunderte unzerstört geblieben, ist Dänemarks Hauptstadt überaus eindrucksvoll. Und das gilt auch für ihre Umgebung, die Insel Seeland mit ihren Schlössern.

❶ – ⓰ København

Kopenhagen ist die größte Metropole Skandinaviens (1,3 Mio. Einw.). Rund um sein historisches Zentrum, dem Schloss Christiansborg, lässt sich in den engen Gassen auch heute noch mittelalterliche Atmosphäre spüren. Mit futuristischer Architektur, der modernen Metro oder der weltweit führenden Medizinalindustrie ist die dänische Hauptstadt längst im 21. Jh. angekommen.

SEHENSWERT

Einen Rundgang durch Kopenhagen beginnt man am besten im historischen Herzen der Stadt. Auf der Schlossinsel, ❶ **Slotsholmen**, sind im **Schloss Christiansborg** (1906–1937) Ausgrabungen der Ringmauer und historische Ausstellungen zugänglich (Christiansborg Slotsplads, www.christiansborgslot.dk; Mai–Sept. tgl. 10.00–17.00, sonst Di.–So. 10.00–17.00 Uhr), ferner die Repräsentationsräume von Königin Margrethe II. (Mai–Sept. tgl. 10.00–17.00, sonst Di.–So. 10.00–17.00 Uhr) und die königlichen Ställe (Mai–Okt. tgl. 13.30–16.00, sonst Di.–So. 13.30–16.00 Uhr). ❾ **Schloss Rosenborg TOPZIEL** (1606–1634) im Park Kongens Have – der grünen Oase aller Kopenhagener – entstand als Renaissance-Lustschloss für Christian IV. und zeigt heute u. a. die Kronjuwelen (Øster Voldgade 4a, www.kongernessamling.dk; Juni–Aug. tgl. 9.00–17.00, Mai, Sept., Okt. tgl. 10.00–16.00, sonst Di.–So. 10.00–16.00 Uhr). ⓬ **Schloss Amalienborg** (um 1760) ist Wohnsitz der königlichen Familie; tgl. um 12.00 Uhr Wachwechsel. Das **Palais Christian VIII.** steht Besuchern offen und zeigt u. a. die Geschichte und Privatgemächer des Hauses Glücksburg (Amalienborg, www.kongernessamling.dk/amalienborg; Mai–Okt. tgl. 10.00–16.00, sonst Di.–So. 11.00 bis 16.00 Uhr). Etwa 20 Minuten am Hafen entlang Richtung Norden geht man von hier bis zu Kopenhagens, ja Dänemarks Wahrzeichen: Seit 1913 sitzt die Kleine Meerjungfrau auf einem Stein am Ufer der Langelinie; für die **Lille Havfrue**, die Märchenfigur von Hans Christian Andersen, stand die Frau von Bildhauer Edvard Eriksen Modell. Der ❼ **Rundetårn** (Runder Turm) von 1642 bietet von der Aussichtsplattform einen der schönsten Ausblicke auf Kopenhagens Zentrum und Umland (Købmagergade 52A, www.rundetaarn.dk; Mai–Okt. tgl. 10.00–20.00, sonst tgl. 10.00–17.00/

Kopenhagens Neues Schauspielhaus am Nyhavn (links). Luxushotel „Nimb" im Tivoli (rechts oben). Dänemarks Kronjuwelen in Rosenborg (rechts unten)

18.00 Uhr). Der 1843 eröffnete Vergnügungspark ❺ **Tivoli**, einer der ältesten Familienparks der Welt, hat mehr als 30 historische und neue Fahrgeschäfte (Vesterbrogade 3, www.tivoli.dk; Mitte April–Ende Sept. So.–Do. 11.00 bis 23.00, Fr. und Sa. 11.00–24.00 Uhr). Geöffnet auch zu Halloween Mitte Okt.–Anfang Nov. und Weihnachten „Jul i Tivoli" von Mitte Nov.– 31. Dez.

MUSEEN

Das ❸ **Nationalmuseum** bietet den perfekten Einstieg zu Geschichte und Mentalität der Dänen – von den Jägern der Eiszeit über die Wikinger bis zum Haschischstand aus „Christiania" (Ny Vestergade 10, www.natmus.dk; Di.–So. 10.00 bis 17.00 Uhr). ❹ Das Stadtmuseum **Københavns Museum** macht Lokalgeschichte zum Anfassen lebendig (Stormgade 20, https://cphmuseum.kk.dk; Wiedereröffnung Jan. 2019). Das ❿ **Statens Museum for Kunst** zeigt dänische und internationale Kunst von der Renaissance bis zur Gegenwart (Sølvgade 48–50, www.smk.dk; Di.–So. 11.00–17.00, Mi. 11.00 bis 20.00 Uhr). Die von Brauereierbe Carl Jacobsen gestiftete ❷ **Ny Carlsberg Glyptotek** zeigt antike Skulpturen aus Ägypten, Rom und Griechenland sowie moderne Meisterwerke von Rodin und Degas (Dantes Plads 7, www.glyptoteket.dk; Di.–So. 11.00–17.00 Uhr). Das ❽ **Thorvaldsens Museum** ehrt mit Bertel Thorvaldsen (1770–1844) den größten Bildhauer des Landes (Slotsholmen, www.thorvaldsensmuseum.dk; Di.–So. 10.00 bis 17.00 Uhr). Das ⓫ **Designmuseum Danmark** zeigt Möbel, Textilkunst, Silber, Glas und Alltagsdesign (Bredgade 68, www.designmuseum.dk; Di.–So. 11.00–17.00, Mi. 11.00–21.00 Uhr). Am Stammsitz der ❻ **Brauerei Carlsberg** von 1847 im Stadtteil Valby informiert das Besucherzentrum über Geschichte und Biere (außerhalb des Cityplans, Gamle Carlsberg Vej 11, www.visitcarlsberg.dk; Di.–So. 10.00–17.00 Uhr).

HOTELS, CAFÉS UND RESTAURANTS

Das beste Haus am besten Platz der Stadt: Das €€€€ **Hotel d'Angleterre** bietet seit 250 Jahren Luxus mit Tradition und Eleganz (Kongens Nytorv 34, DK-1050 København K,

INFOS & EMPFEHLUNGEN

Tipp

Faszination Wasserwelt

Einblicke in die Unterwasserwelten der Erde bietet „Der Blaue Planet", Nordeuropas größtes Aquarium am Øresundufer.

15 Den Blaa Planet, Jacob Fortlingsvej 1, www.denblaaplanet.dk; Mo. 10.00–21.00, Di.–So. 10.00–17.00 Uhr

---

Tel. 33 12 00 95, www.dangleterre. dk). Das nordisch-schicke € € € **Hotel Skt. Petri** liegt im historischen Studentenviertel (Krystalgade 22, DK-1172 København, Tel. 33 45 91 00, www.skt petri.com). Vier persönlich-charmante Hotels der Gruppe € € € / € € **Guldsmeden** gibt es in den In-Vierteln Østerbro und Vesterbro (Guldsmeden Axel, DK-1653 København V, Helgolandsgade 11, Tel. 33 31 32 66, https://guldsmeden hotels.com/axel-hotel-copenhagen-vesterbro). Das € **Danhostel** am Hafen hat fünf Sterne und gehört zu den größten Jugendherbergen der Welt (H.C. Andersens Boulevard 50, DK-1553 København V, Tel. 33 11 85 85, https://dan hostelcopenhagencity.dk/de).
Kopenhagens besten Kaffee gibt es in den Filialen der kleinen, relaxten Cafékette **Riccos** („Stammhaus" Istedgade 119, zentral Rådhuspladsen 37, www.riccos.dk).
Kopenhagens Restaurants haben Weltruhm erlangt. Eine tolle Küche hat die Hausbrauerei € € / € **Nørrebro Bryghus** (Ryesgade 3, Tel. 35 30 05 30, www.noerrebrobryghus.dk). Trendy, international und günstig isst man auf dem Street-Food-Markt € € / € **Reffen** auf einem alten Werftgelände direkt am Hafen (Refshalevej 147A, 1432 Kopenhagen K, reffen.dk; April bis Sept. tgl. 11.00–22.00, Okt.–März Fr.–Sa. 11.00–22.00 Uhr. Bus 9A ab City oder Hafenfähren 991 und 992). Ein dänischer Klassiker in neuem Gewand sind die Bio- oder sogar vegetarischen Hotdogs von **DØP** an der Helligåndskirche auf Strøget (www.døp.dk).

UNTERHALTUNG

Drei Spielstätten, eine Weltbühne: **8 Det Kongelige Teater** ist das dänische Staatstheater. Von seinen vier Sparten hat das Ballett sicher das meiste Renommee. Opernaufführungen gibt es im neuen Opernhaus (2005) am Hafen, das Schauspielhaus steht seit 2008 gegenüber an der Kvæsthusbroen (Kongens Nytorv, Kartentel. 33 69 69 69, www.kglteater.dk).
Kopenhagens Shopping-Herz schlägt auf **Strøget**: Zwischen Rathausplatz und Nytorv prägen internationale Allerweltsläden das Bild. Typischer ist „der Strich" zwischen Nytorv und Kongens Nytorv, Design und Handwerk findet man besser parallel zum Strøget in **Strædet**. Kreativ-szenig sind die Läden im **Latinerkvarter** rund um Studiestræde, im In-Viertel **Vesterbro** in der Isted- und Vesterbrogade samt Nebenstraßen. Spezialisten für Design, Möbel, Silber, Nippes und Co. findet man in der Bredgade ab Kongens Nytorv und in der Ravnsborggade im Trendviertel **Nørrebro** (www.ravnsborggade.dk).

UMGEBUNG

Das einem Schiff gleichende **16 Kunstmuseum Arken** am Øresundufer zeigt moderne Kunst ab 1990 (20 km südw., Ishøj, Skovvej 100, www.arken.dk; Di.–So. 10.00–17.00 Uhr). Das **13 Karen Blixen Museum** widmet sich Werk und Leben der bedeutendsten Schriftstellerin Dänemarks (1885–1962; 30 km nördl., Rungsted Strandvej 111, Rungsted Kyst, www.blixen.dk; Mai–Aug. Di.–So. 10.00–17.00, sonst Mi.–So. 13.00–16.00 Uhr). Nördlich von Kopenhagen liegt im Wald von Jægersborg Dyrehave seit mehr als 430 Jahren der älteste Vergnügungspark der Welt. **14 Dyrehavsbakken,** kurz Bakken. Zu ihm gehören neben 2000 frei lebenden Tieren rund 32 Fahrgeschäfte und andere Attraktionen (18 km nördl., Dyrehavevej 62, Klampenborg, www.bakken.dk; April bis Aug. 12.00/14.00–22.00 Uhr).

INFORMATION

Wonderful Copenhagen, Copenhagen Visitor Service, Vesterbrogade 4A, DK-1620 Kopenhagen V, Tel. 70 22 24 42, www.visitcopenhagen.com

17 Helsingør

Helsingør (61 500 Einw.) mit seiner herrlichen Altstadt verdankt seine Bedeutung (Stadtrecht 1426) der Lage am Øresund: Handelsschiffe mussten hier ihren Sundzoll entrichten.

SEHENSWERT

Die kleine Festung „Krogen" wurde im 15./16. Jh. zum heute weltberühmten Schloss **Kronborg** (Kronborg 2C, www.kronborg.dk; Juni–Sept. tgl. 10.00–17.30, April, Mai, und Okt. tgl. 11.00–16.00, sonst Di.–So. 11.00–16.00 Uhr). Attraktiv ist das Seefahrtsmuseum **M/S Museet for Søfart** (Ny Kronborgvej 1, www.mfs.dk; Juli und Aug. tgl. 10.00–17.00, sonst Di.–So. 11.00–17.00 Uhr).

HOTEL

Das € € € **Strand- & Badehotel Marienlyst** verströmt einen Hauch typischer Sommeratmosphäre (Nordre Strandvej 2, DK-3000 Helsingør, Tel. 49 21 40 00, www.marienlyst.dk).

UMGEBUNG

Das schönste Kunstmuseum Dänemarks liegt mit Blick auf den Øresund im kleinen **Humlebæk: Louisiana TOPZIEL**, das Museum mit modernen Klassikern von Picasso, Giacometti, Warhol, Kirkeby u. v. m. (9 km südl.; Gammel Strandvej 13, Humlebæk, www.louisiana.dk; Di.–Fr. 11.00–22.00, Sa. und So. 11.00–18.00 Uhr). **Fredensborg** (um 1720), barocker Sommersitz der königlichen Familie, gilt als dänisches Versailles; das Schloss ist im Sommer, der Park immer öffentlich zugänglich (17 km westl.; Slottet 1B, Fredensborg, http://kongeligeslotte.dk; Juli–Mitte Aug. tgl. 13.00–16.30 Uhr). Das Renaissance-Meisterwerk **Frederiksborg** (17. Jh.) beherbergt das Nationalmuseum mit 500 Jahren Landesgeschichte (27 km westl.; Hillerød, www.dnm.dk; April–Okt. tgl. 10.00 bis 17.00, sonst tgl. 11.00–15.00 Uhr).
Beliebter Ferienort an der „Dänischen Riviera" ist **Gilleleje** (30 km nordw.) mit Stränden wie Dronningmølle und Tisvildeleje (s. auch S. 57).

INFORMATION

Turistinspiration, Kulturværftet, Allégade 2, DK-3000 Helsingør, Tel. 49 21 13 33, www.visitnordsjaelland.dk

18 Roskilde

Roskilde (50 800 Einw.) ist reich an Geschichte – und Musik. Für die Wikinger ein wichtiger Handelsplatz, war die Stadt bis 1443 Sitz der dänischen Könige. Der Dom blieb bis heute Grabstätte des Königshauses.

SEHENSWERT

Der **Dom** aus rotem Ziegelstein (Urspr. 12. Jh.) gehört zum UNESCO-Weltkulturerbe; acht dänische Könige und eine Königin liegen hier begraben (Domkirkepladsen 3, www.roskilde-domkirke.dk; April–Sept. Mo.–Sa. 9.00–17.00, So. 12.30–17.00 Uhr, sonst kürzer).
20 km nördl. von Roskilde versenkten Wikinger um 1000 fünf Schiffe als Schutz im Fjord – die Schiffe und Nachbauten bilden das Herzstück des **Wikingerschiffsmuseums TOPZIEL** (Vindeboder 12, www.vikingeskibsmuseet.dk; Mitte Mai–Aug. tgl. 10.00–17.00, sonst kürzer).

Grab Margrethes I. im Roskilder Dom (oben). Das alte Steinkirchlein an Stevns Klint (unten)

KOPENHAGEN · SEELAND
82 – 83

RESTAURANTS
Am Hafen bietet das € € **Restaurant Snekken** auch „Neue Nordische Wikingerküche" (Vindeboder 16, Tel. 46 35 59 16, www.snekken.dk).

VERANSTALTUNG
Bis zu 100 000 Besucher jubeln Anfang Juli den internationalen Rockstars auf dem **Roskilde-Festival** (www.roskilde-festival.dk) zu.

UMGEBUNG
Im Erlebniscenter **Sagnlandet Lejre** werden Stein-, Eisen- und Wikingerzeit zu Living History (13 km südw.; Slangealléen, Lejre, www.sagnlandet.dk; Juli–Mitte Aug. tgl. 10.00–17.00, Mai, Juni und Mitte. Aug.–Sept. Di.–So. 10.00 bis 17.00 Uhr).
Zu den authentischsten Wikingererlebnissen gehören die **Freiluft-Wikingerspiele** in der Hafenstadt Frederikssund am Isefjord (28 km nördl.; Kalvøvej, Frederikssund, www.vikingespil.dk; Juni und Juli).

INFORMATION
Roskilde Turistbureau, Stændertorvet 1, DK-4000 Roskilde, Tel. 46 31 65 65, www.visitroskilde.dk

⑲ Slagelse

Die größte Stadt (78 000 Einw.) im Südwesten Seelands wurde bereits im 11. Jh. erwähnt.

SEHENSWERT
Trelleborg gilt mit 137 m Durchmesser als größte Wikingerburg Dänemarks (um 980). Als Museum und Erlebniscenter ist Trelleborg beliebtes Familienziel (Trelleborg Allé 4, www.vikingeborgen-trelleborg.dk; Mai–Okt. Di.–So. 10.00–16.00 Uhr).

UMGEBUNG
Wahrzeichen der dramatisch schönen Küste von **Stevns Klint** (s. auch S. 57) ist das Gotteshaus Gammel Kirke Store Heddinge (Højerup, Store Heddinge, www.cphcoastandcountryside.de/de/stevns-klint-gdk1058599; Sommer tgl. 9.00–17.00 Uhr).
Eines der schönsten Rokokoschlösser des Landes ist **Gavnø Slot** (40 km südöstl. außerhalb der Detailkarte, s. S. 94; Gavnø 2, Næstved, www.gavnoe.dk, April–Okt. tgl. 10.00–16.00 Uhr).
In **Vordingborg** (60 km südöstl. außerhalb der Detailkarte, s. S. 94) blieb von der einst größten Königsburg des Landes der Gåsetårnet (Gänseturm; ca. 1360). Danmarks Borgmuseum ist ein Forschungs- und Erlebniszentrum rund um Burgen, Könige und Macht im Mittelalter (Slotsruinen 1, www.danmarksborgcenter.dk; tgl. 10.00–17.00 Uhr).

INFORMATION
VisitVestsjælland, Løvegade 7, DK-4200 Slagelse, Tel. 70 25 22 06, www.visitvestsjaelland.dk,
Vordingborg Turistinformation, Slotsruinen 1, DK-4760 Vordingborg, Tel. 55 34 11 11, www.visitsydsjaelland-moen.dk

Genießen   Erleben   Erfahren

Paddeltour mit Schlossblick

Mit seinen vielen Kanälen und seinem Hafen ist Kopenhagen wie gemacht für Entdeckungstouren auf dem Wasser. Auf Kajakausflügen hat man ungewöhnliche Perspektiven auf Sehenswürdigkeiten wie Schloss Christiansborg und die Oper. Paddeln kann man allein oder mit einem lokalen Guide.

Auch Großstadtabenteuer brauchen Sicherheit: Vor dem Ablegen geben Ole Agnholt Markdal und sein Team Hinweise zum Umgang mit dem Boot, und es wird die Schwimmweste angelegt – erst dann geht es hinaus aufs Wasser. Und bald schon ziehen am Ufer Fachwerkhäuser, Segelschiffe und Kopenhagens berühmter „Freistaat" Christiania vorbei. Stabil liegen die Ein- oder Zwei-Sitzer-Kajaks auf der fast spiegelglatten Wasseroberfläche. Erst als es hinausgeht auf den offeneren Hafen, wirft leichter Wind sanfte Bewegung aufs Wasser. Jetzt kommen die Neue Oper, das gegenüberliegende Schauspielhaus und gleich um die Ecke die Flaniermeile Nyhavn in den Blick. Ab und an kreuzt eine gelbe Hafenfähre den Weg – davon abgesehen ist Kopenhagens Hafen längst schiffsfrei. Wer bis zur Kleinen Meerjungfrau hinausfahren möchte, sollte ordentlich Kondition haben. Näher liegt da eine Umrundung der Schlossinsel mit Christiansborg, Folketing und Königlicher Bibliothek. Nach drei Stunden sind Paddler zurück in Christianshavn – erschöpft, aber um unvergessliche Ausblicke reicher.

Weitere Informationen

Ausflüge mit **Kajak-Ole** beginnen am Strandvej in Christianshavn (Havkajakvej 8, DK-2300 København S, Tel. 40 50 40 06, www.kajakole.dk). Die **Kayak Republic** liegt an der Knippelsbro in der City (Kayak Republic, Børskaj 12, DK-1221 København K, Tel. 22 88 49 89, www.kayakrepublic.dk). Sommerliche **Schiffstouren** veranstalten Canal Tours Copenhagen (www.stromma.dk; Abfahrt Gammel Strand) und Netto-Booten (www.havnerundfart.dk; Abfahrt Holmens Kirke oder Nyhavn).

Auch am imposanten Kopenhagener Opernhaus paddeln die Teilnehmer einer Kajaktour vorbei

Rund um Dänemarks Südsee

Dänemarks größter Märchendichter, eines der schönsten Segelreviere des Nordens, bewohnte und unbewohnte Inseln in der dänischen Südsee und ein Tunnel, der in wenigen Jahren in Europas Zukunft führt – Fünen und die dänischen Ostseeinseln bersten fast vor Möglichkeiten.

Rügens kleine Schwester: Møns Kreidefelsen zeigen deren geologische Verwandtschaft mit der deutschen Insel

Vielgestaltiger geht es kaum: Schloss Egeskov hat für jeden Geschmack etwas im Angebot (oben links und rechts, unten rechts). Valdemar Slot auf Tåsinge ist mit 21 prachtvollen Sälen und Gemächern eines der größten Schloss- und Herrenhofmuseen des Landes (unten links)

Vor den Toren Faaborgs kann man sich im renommierten „Falsled Kro" verwöhnen lassen

Das H. C. Andersen-Festival in Odense bietet vielerlei Facetten – hier eine musikalische Märchenpräsentation

In der Mitte liegt Fünen. Dänemarks „grünes Herz", wie Marketingfachleute die Insel gern nennen, wirkt an vielen Stellen wie ein Dänemark im Kleinformat. Insel? Ja, die Heimat von Dänemarks großem Märchenfürsten Hans Christian Andersen ist auch im 21. Jahrhundert eine Insel geblieben – auch wenn sie mit ihren Brücken nahezu landfest wirkt.

Doch rundum ist Meer. Sportangler aus ganz Europa schätzen die Reviere rund um Fünen als einen der besten Gründe für den Fang von Meerforellen. Noch größer ist der hervorragende Ruf, den Fünen unter Seglern genießt. Denn gleich im Süden vor den Hafenorten Fåborg und Svendborg liegt das südfünische Inselmeer. Kenner schätzen das auch „Dänische Südsee" genannte Wassersportdorado.

Hier im Süden stehen so viele Herrenhöfe und Schlösser wie sonst nirgendwo im Königreich – mehr als 120 sollen es sein. Zu den schönsten zählen Schloss Valdemar auf Tåsinge, Schloss Nyborg im Osten Fünens und, allen voran, Schloss Egeskov.

Märchenstadt mit Cityflair

Kunst, Kultur und eine nordisch-lässige Mischung aus dänischem Kleinstadtcharme und europäischem Cityflair umweht Besucher in Odense. Der einst von Werften und Industrie geprägte Fjordanrainer hat den schwierigen Sprung zur Dienstleistungs- und Universitätsstadt geschafft – während ehemalige Arbeitsplatzgaranten wie die frühere Lindø-Werft im nahen Munkebo statt einst Tausende heute als Reparaturbetrieb lediglich noch wenige Hundert Menschen beschäftigt.

Doch zurück nach Odense, das in einigen Winkeln noch wirkt wie zu Lebzeiten seines großen Sohnes: Hans Christian Andersens Spuren folgen junge und alte Märchenfreunde vor allem in Andersens Geburtshaus in der Gasse Bangs Boder, das heute ein interaktives Museum beherbergt.

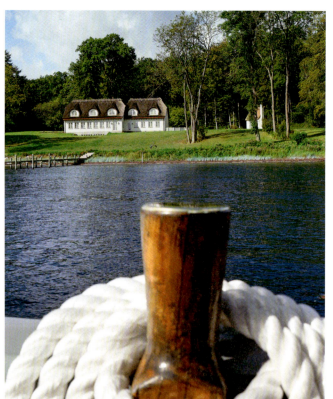

Svendborgsund-Blick vom Dampfer „Helge" (oben links). Nykøbings Mittelalterzentrum macht ein Zeitreiseangebot für jedermann (oben rechts). Ærø-Fischer im Marstaler Hafen (unten links). Einfach „hyggelig": Bilderbuch-Gasse in Ærøskøbing

Dichter-Refugien

Noch heute mutet das Leben des dänischen Nationaldichters (1805–1875) an wie die Entwicklung vom hässlichen Entlein zum stolzen Schwan in dem Märchen aus seiner Feder. Andersen wuchs in seiner Heimatstadt in ärmlichen Verhältnissen auf. Im Alter von 14 Jahren reiste er nach Kopenhagen – im Gepäck den Traum von einer Karriere am Theater. Doch Andersen erhielt ein Stipendium für die Lateinschule im seeländischen Slagelse – die Geburt eines großen Schriftstellers.

Der Poet war Zeit seines Lebens rastlos, hatte nie ein eigenes Zuhause, heiratete nie und blieb kinderlos. Als gern gesehener Gast schmückte Andersen dänische Guts- und Herrenhöfe. Der

„Reisen heißt leben", und „das Leben ist das schönste Märchen," fand Hans Christian Andersen:

„größte Däne aller Zeiten", so die Leser der Tageszeitung Berlingske Tidende, starb mit 70 Jahren an Leberkrebs. Sein Grab liegt auf dem Assistens Kirkegård in Kopenhagen.

Auch einem deutschen Dichter wurde Fünen auf seiner Lebensreise zur Zuflucht. Bertolt Brecht (1898–1956) lebte nach der Machtergreifung der Nationalsozialisten sechs Jahre seines Exils von 1933 bis 1939 hier. Unvergessen sind die „Svendborger Gedichte" aus dem Jahr 1938: „Geflüchtet unter das dänische Strohdach, Freunde/Verfolg ich euren Kampf ..."

Vom Rand ins Zentrum

Weiter östlich liegt Lolland, via „Vogelfluglinie" Puttgarden–Rødby nur 45 Minuten von Deutschland entfernt. Noch – denn vermutlich ab 2028 soll der neue Fehmarnbelttunnel Auto- und Zugfahrer in nur zehn Minuten von Fehmarn nach

In Nordeuropas größtem Safaripark Knuthenborg
scheint Dänemark ganz weit weg

Hautnah, dieser Begriff gehört
in Knuthenborg zum Alltag

Møns Klint mit seiner Kreideküste reizt zu einem Spaziergang am Wasser – doch Vorsicht vor Steinschlag und Felsrutschen!

Lolland oder umgekehrt bringen. Eines der größten Verkehrs- und Bauprojekte Europas würde Lolland von einer dänischen Provinzregion mitten hinein in die Europäische Union katapultieren. Doch nicht nur in Lolland sind Kritiker sich immer noch unsicher, ob am Ende nicht eher die Metropolen Kopenhagen und Hamburg vom Milliardenbau profitieren – und nicht die zum Transitbereich degradierte Insel.

Dabei hat das touristisch gern übersehene Lolland einiges zu bieten. Besonders Norddeutsche nutzen aufgrund der kurzen Anreise die breiten Strände im Süden. Ein besonderer Tipp sind die kleinen Inseln im Smålandsfahrwasser nördlich von Lolland: Fejø, Femø und Askø gelten mit ihren Apfel- und Birnenplantagen als Obstgärten des Königreichs.

Auf dem benachbarten Falster liegt übrigens eines der ersten Feriengebiete des Landes: Der 20 Kilometer lange Sandstrand machte den Badeort Marielyst schon vor über 100 Jahren zu einem Sehnsuchtsziel für gestresste Kopenhagener Großstädter. Im Sommer sind die kinderfreundlichen, sanften Strände fest in Familienhand.

Attraktion aus Kalk

Eine der bekanntesten Inseln Dänemarks ist Møn. Das hat zwei Gründe: Kalk und Kirchen. Da sind zum einen die Kreidefelsen von Møns Klint – rund sechs Kilometer lang ist die Steilküste, unter der milchig-blauweißes Wasser schimmert. Treppen führen hinunter, und wer beim Strandspaziergang die Augen aufhält, hat gute Chancen Versteinerungen zu finden.

Berühmtheit erlangte Møn aber vor allem durch Kalkmalereien seiner Kirchen. In Stege ist die Sankt-Hans-Kirche bekannt, als herausragender aber gelten die mittelalterlichen Gemälde in den Gotteshäusern Fanefjord Kirke und Elmelunde Kirke. Sie stammen vermutlich aus der Hand vom namentlich unbekannten „Meister von Elmelunde" und gehören zu Dänemarks größten Kulturschätzen.

DUMONT THEMA

FEHMARNBELTTUNNEL

Schneller nach Süden

Die feste Querung über den Fehmarnbelt zwischen Dänemark und Deutschland wird mit fast 18 Kilometern Länge der längste Absenktunnel der Welt sein. Die ursprünglich für das Jahr 2024 geplante Eröffnung wird sich um einige Jahre verzögern ...

Der politische Beschluss ist gefallen – und dennoch wogen vor allem auf deutscher Seite zwischen Fehmarn und Lübeck die Diskussionen noch immer heftig über Sinn und Unsinn, negative Folgen und positive Aspekte des für Jahrzehnte größten Bauwerks, das in Nordeuropa entstehen soll. Die Fakten in Kürze: Die Fehmarnbeltquerung zwischen der ostdänischen Insel Lolland und dem deutschen Fehmarn war zunächst vom Bauherrn Femern AS – einer dänischen Staatstochter – als Brücke geplant. Prüfungen auf Umweltverträglichkeit und weitere Überlegungen führten zu einem Umdenken. Nun soll die direkte Trasse zwischen Dänemark und Deutschland als Absenktunnel entstehen. Der Bau des Femernbælttunnel – so sein dänischer Name – wird 17,6 Kilometer lang sein und Straße mit Eisenbahnlinie kombinieren. Eine der längsten Unterwasser-Tunnelfahrten für Autofahrer weltweit soll auf der „Vogelfluglinie", wie die Fährlinie zwischen Puttgarden auf Fehmarn und Rødbyhavn auf Lolland heißt, verlaufen. Allerdings wird der Tunnel die Tag und Nacht pendelnden Fähren nicht ersetzen: Die Reederei Scandlines wird weiter fahren.

Baubeginn soll 2020, vielleicht auch erst 2021 sein. Die meisten Arbeiten werden in Dänemark erfolgen, das dieses Projekt laut Staatsvertrag auch komplett bezahlt: In der Nähe von Rødbyhavn werden die einzelnen Absenkelemente gefertigt, von dort hinaus auf die Ostsee geschleppt und Stück für Stück aneinandergereiht. Wenn alles wie geplant klappt, sind – Stand heute – alle Arbeiten 2028 abgeschlossen. Dann sollen Auto- und Bahnreisende zwischen Deutschland und Dänemark vor allem Zeit sparen: Rund zehn Minuten wird die Fahrt durch den Fehmarnbelttunnel dauern – eine Dreiviertelstunde weniger, als man derzeit per Fähre benötigt.

Als sei es ein fernes Projekt

Ist der kommende Fehmarnbelttunnel nun sinnvoll oder nicht? Glaubt man Planern und politischen Willensträgern, eindeutig ja. Schon im ersten

Die Computergrafik zeigt einen Querschnitt durch eines der Tunnelsegmente. Die Femern AS war auch schon für den Bau der Øresund-Querung (Foto links) verantwortlich

Jahr würden täglich durchschnittlich 8000 Fahrzeuge durch die Röhre fahren. Fünf Jahre später sollen es jeden Tag schon 10 800 sein. In Sachen Wirtschaftlichkeit geht man davon aus, dass dieses Niveau mindestens gehalten wird. Hinzu kämen täglich 40 Personen- und 78 Güterzüge.

Vor allem deutsche Kritiker wenden ein, dass man in Deutschland für diese Nutzerzahlen nicht einmal eine Ortsumgehung bauen würde – geschweige denn mehr als sieben Milliarden Euro investieren. So viel soll der Fehmarnbelttunnel nämlich kosten. Bezahlt werden sollen diese Ausgaben aus den späteren Mauteinnahmen. Sicher ist, dass auf jeden Fall die Wirtschaftsräume um die dänische Hauptstadt, in Südschweden sowie die Metropolregion Hamburg profitieren werden.

Verblüffenderweise hat man in Deutschland noch oft den Eindruck, als ginge es beim Fehmarnbelttunnel nicht um ein beschlossenes Bauprojekt. Während Dänemark schon eifrig im Hinterland investiert und baut, wirkt man hierzulande zögerlich. Viele Einsprüche liegen vor. Immerhin: Die Reiseregionen zwischen Lübeck und Fehmarn an der ostholsteinischen Ostseeküste und ihre dänischen Partner auf Lolland, Falster und Seeland haben sich schon vor einiger Zeit zusammengetan, um als grenzüberschreitende Destination Fehmarnbelt auf sich aufmerksam zu machen. Sicher eine gute Idee. Und: Die Deutsche Bahn plant, zwischen Fehmarn und Lübeck entlang der Autobahn A1 eine neue zweigleisige elektrifizierte Strecke zu bauen. Man darf also gespannt sein.

Informationen

In Rødbyhavn – und auf deutscher Seite in Puttgarden – gibt es ein Infocenter unweit des geplanten Tunnels: Femern A/S Infocenter Rødbyhavn, Vestre Kaj 50c, Rødby, www.femern.com.de, Mo. und Mi. 12.00–16.00 Uhr

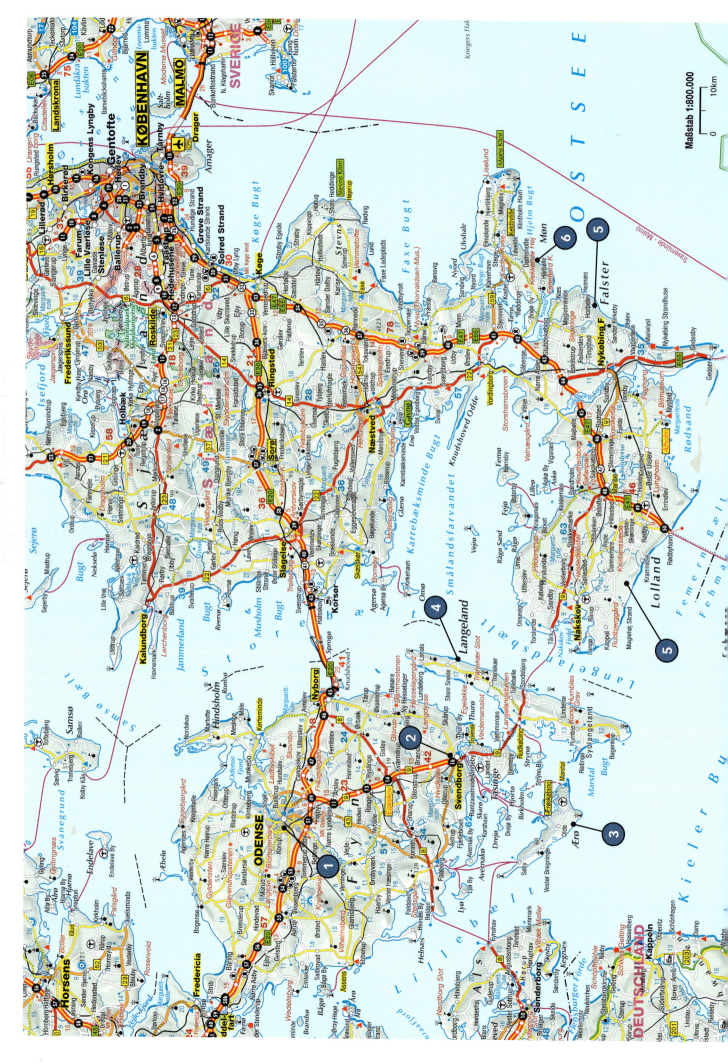

Unterwegs in der dänischen Inselwelt

Das dänische Inselmeer besitzt unzählige bewohnte und unbewohnte Inseln, große wie Fünen mit seiner „märchenhaften" Hauptstadt Odense und kleine, in deren mildem Mikroklima die Obstbäume blühen. Gründe genug fürs Insel-Hopping bieten sie alle.

1 Odense

Dänemarks drittgrößte Stadt (200 000 Einw.) lebt heute von Dienstleistung, Verwaltung und Ausbildung an der Syddansk Universitet. Historische Atmosphäre hat das 988 erstmals erwähnte Odense im Altstadtviertel um Overgade und Nedergade bewahrt.

SEHENSWERT

Im gotischen Dom **Sankt Knuds Kirke** liegen vier Könige begraben, darunter der hl. Knud. 1086 von Bauern erschlagen, wurde Odense nach Knuds Heiligsprechung Wallfahrtsort (Klosterbakken 2; April–Okt. Mo.–Sa. 10.00 bis 17.00, So. 12.00–16.00 Uhr, sonst kürzer). Von der Kleiderfabrik zum Kulturzentrum: **Brandts** bietet Galerien, Kinos und Museen wie Brandts Samling (Brandts Torv 1, www.brandts.dk; Di. bis So. 10.00–17.00, Do. 12.00–21.00 Uhr). Eines der schönsten Freilichtmuseen des Landes ist **Den Fynske Landsby:** Im Fünen-Dorf wird zwischen Bauernhäusern, Haus- und Hoftieren das 19. Jh. wieder lebendig (Sejerskovvej 20, http://museum.odense.dk/denfynskelandsby; Juli–Mitte Aug. tgl. 10.00–18.00, April–Juni und Mitte Aug.–Mitte Okt. Di.–So. 10.00–17.00 Uhr).

MUSEEN

Odense verdankt seinen „märchenhaften" Ruf **Hans Christian Andersen** (1805–1875). In dessen Geburthaus in der Altstadt entsteht bis 2020 ein neues Erlebnismuseum rund um Andersens Märchenwelt, das auch das Kinderkulturhaus „Fyrtøjet" mit einbezieht (Bangs Boder 29, http://museum.odense.dk). **Andersens Kindheitshaus** lässt staunen, wie bescheiden seine Familie einst wohnte (H. C Andersensbarndomshjem, Munkemøllestræde 3, http://museum.odense.dk; Juli und Aug. tgl. 10.00–17.00, sonst Di.–So. 10.00–16.00 Uhr). Das **Eisenbahnmuseum** zeigt Züge, Fähren, Modellbahnen u. a. aus 150 Jahren (Danebrogsgade 24, www.jernbanemuseum.dk; tgl. 10.00 bis 16.00 Uhr).

AKTIVITÄTEN

Mit den **Stadträdern** kann man Odense gut entdecken (www.cibi.dk). Eine **Bootstour** auf der Odense Å zeigt Parks, Hinterhöfe und Sehenswürdigkeiten von einer stillen Seite (Filosofgangen, www.aafart.dk; Mai–Aug.).

Svendborgs Hafen mit der Ærø-Fähre (links). Rathausfassade in Odense anlässlich des H. C. Andersen Festivals im August (rechts)

HOTELS UND RESTAURANTS

Mit Blick auf den Kleinen Belt liegt das renommierte €€€ **Kongebrogården** (Kongebrovej 63, DK-5500 Middelfart, Tel. 63 41 63 41, www.com wellkongebrogaarden.dk; auch Restaurants). Zentral liegt das €€ **Hotel Domir** (Hans Tausens Gade 19, DK-5000 Odense C, Tel. 66 12 14 27, www.domir.dk). Eine klassisch-dänische Speisekarte bietet das €€ **Restaurant Den Grimme Ælling** im Altstadtviertel von Odense (Hans Jensens Stræde 1, Tel. 65 91 70 30, www.grimme-aelling.dk).

UMGEBUNG

Im Erlebnis- und Forschungscenter Fjord & Bælt in **Kerteminde** dreht sich (fast) alles um den Schweinswal (20 km östl.; Margrethes Plads 1, Kerteminde, www.fjord-baelt.dk; Juli und Aug. tgl. 10.00–17.00, Febr.–Juni und Sept. bis Nov. Di.–So. 10.00–16.00 Uhr). Das Renaissanceschloss **Nyborgs** (Urspr. um 1170) ist älteste erhaltene Königsburg des Landes (35 km östl.; Slotsgade 84, www.nyborgslot.dk; Juni–Aug. tgl. 10.00–16.00, April, Mai, Sept. und Okt. Di.–So. 10.00–15.00 Uhr). **Middelfart** (55 km westl.; 15 000 Einw.) besitzt charmante Hafenatmosphäre, gemütliche Altstadtgassen und Danmarks Keramikmuseum CLAY (Kongebrovej 42, claymuseum.dk; Di. und Do.–So. 10.00–17.00, Mi. 10.00–20.00 Uhr). Im 19. Jh. war Middelfart ein Hauptort der Waljäger – heute gehen Touristen vom Hafen aus auf Walsafari (u. a. mit der „Mira 3", www.mira3.dk).

INFORMATION

VisitOdense, Vestergade 2, DK-5000 Odense C, Tel. 63 75 75 20, www.visitodense.com

2 Svendborg

In Svendborg (27 000 Einw.) dreht sich seit Jahrhunderten alles um Hafen und Seefahrt. Dänemarks größtes Unternehmen, die Reederei Møller–Mærsk, hat hier seine Wurzeln.

MUSEEN

Svendborgs ältestes Haus, **Anne Hvides Gård** (1560) in der Fruestræde 3, war lange Stadt- und Heimatmuseum, das nun im früheren Armenhaus zu Hause ist (Grubbemøllevej 13, www.svendborgmuseum.dk; Mitte Febr.–Mitte Dez. Di.–So. 10.00–16.00 Uhr). Groß und Klein fasziniert das **Naturama** mit Panoramen, die die nordische Tierwelt realistisch wiedergeben (Dronningemaen 30, www.naturama.dk; Febr. bis Dez. Di.–So. 10.00–16.00, in den dän. Schulferien tgl. 10.00–17.00 Uhr).

HOTELS UND RESTAURANTS

Das familienfreundliche €€ **Hotel Troense** bietet Atmosphäre mit Blick auf Sund und Insel

INFOS & EMPFEHLUNGEN

Am Strand von Marielyst auf Falster (links). Kalkmalereien in der Elmelunde Kirche (rechts)

Thurø (Strandgade 5, DK-5700 Svendborg, Tel. 62 22 54 12, www.hoteltroense.dk).
Vor den Toren Faaborgs liegt eines der renommiertesten Restaurants Dänemarks: Im € € € € / € € € **Falsled Kro** kocht Per Hallundbæk neu-nordisch mit internationalem Esprit (Assensvej 513, DK-5642 Millinge nordw. Faaborg, Tel. 62 68 11 11, www.falsledkro.dk).
Das € € **Restaurant Svendborgsund** am Svendborger Hafen besitzt viel Atmosphäre und eine gute Küche (Havnepladsen 5, Tel. 62 21 07 19, www.restaurantsvendborgsund.dk).

AKTIVITÄTEN
Ein nostalgisches Erlebnis sind **Törns** mit dem 1924 in Svendborg gebauten Dampfer „Helge" (ab Jessens Mole im Hafen, Fahrplan/Buchung Tel. 62 23 30 80, www.mshelge.dk). **Tages- und stimmungsvolle Abendtörns** mit den 100 Jahre alten Seglern „Meta" und „Mjølner" bietet das Maritimt Center Danmark (Havnepladsen 2, Tel. 62 23 69 54, www.maritimtcenter.dk).

> **Tipp**
> ## Wracktauchen
>
> Ende 2014 wurde im Südfünischen Inselmeer vor Svendborg die „Ærøsund" versenkt, die seitdem Sporttauchern ein attraktives Unterwasserziel bietet. Mit aufgespültem Sand und Riffs ist das Wrack Erkundungsobjekt. Zudem verfolgen Biologen der Südfünischen Universität, welche Meeresbewohner sich um die frühere Fähre ansiedeln.
>
> www.dyk-sydfyn.dk; Position 55° 02′ 06″ N und 10° 27′ 24″ O

UMGEBUNG
Valdemar Slot (um 1640) auf Tåsinge ist eines der größten Schlossmuseen des Landes (9 km südl.; Slotsalléen 100, www.valdemarsslot.dk; Juni-Aug. tgl. 10.00–17.00/19.00, April, Mai, Sept. und Okt. Sa. und So. 10.00–17.00 Uhr; stilvolles Schlossrestaurant).

Auf 1000 Eichenpfählen ruht seit bald 500 Jahren das vielleicht schönste Schloss des Landes: **Egeskov TOPZIEL** besitzt u. a. einen herrlichen Garten sowie ein Oldtimer-, Motorrad- und Feuerwehrmuseum (20 km nördl.; Egeskov Gade 18, Kværndrup, www.egeskov.dk; Juni–Mitte Aug. tgl. 11.00–19.00, Juli 10.00 bis 19.00, Mitte April–Mai und Mitte Aug.–Mitte Okt. tgl. 11.00–16.00 Uhr).
Immer noch eine Entdeckung in **Faaborg**: Das Faaborg Museum zeigt Werke der um 1900 aktiven „Fünen-Maler" um Johannes Larsen (Grønnegade 75, www.faaborgmuseum.dk; Juni bis Aug. tgl. 10.00–17.00, April, Mai und Sept. bis Dez. Di.–So. 11.00–16.00 Uhr).

INFORMATION
VisitSvendborg, Havnepladsen 2, DK-5700 Svendborg, Tel. 62 23 69 52, www.visitsvendborg.dk

❸ Ærø

Mit Wiesen, Wäldern und den idyllischen Hafenorten Ærøskøbing und Marstal gehört die Moräneninsel (7000 Einw.) im Kleinen Belt zu den schönsten Flecken des Landes.

SEHENSWERT
Ærøskøbing TOPZIEL (1000 Einw.), reich an Fachwerk, ist die am besten erhaltene mittelalterliche Stadt des Königreichs. Die zauberhafte Altstadt steht größtenteils unter Denkmalschutz. Skurril ist die Sammlung von Buddel- und Modellschiffen (Smedegade 22, www.flaskepeters-samling.dk; Juli und Aug. tgl. 10.00 bis 16.00, Mai–Juni und Sept. 11.00–15.00 Uhr).
In **Marstal** (2400 Einw.) erinnert das Søfartsmuseum an Ærøs große Zeit als Handels- und Werftenmacht (Prinsengade 1, www.marmus.dk; Juni– Aug. tgl. 9.00–17.00, April, Mai, Sept. und Okt. tgl. 10.00–16.00 Uhr, sonst kürzer).

HOTEL UND RESTAURANT
Das charmante € € **Ærøhus** bietet Zimmer, Ferienwohnungen und ein gutes Restaurant (Vestergade 38, DK-5970 Ærøskøbing, Tel. 62 52 10 03, www.aeroehus.dk).

INFORMATION
Ærø Turistkontor, Ærøskøbing Havn 4, DK-5970 Ærøskøbing, Tel. 62 52 13 00, www.ærø.dk

❹ Langeland

Langeland (12 500 Einw.) ist mit seinen Sandstränden, Steilküsten, Feldern und Wäldern ein typisches Stück Dänemark.

SEHENSWERT
In Langelands Hauptstadt **Rudkøbing** lohnt ein Bummel durch die Altstadt mit der Stadtmühle (1820). Das **Langelandsmuseum** entführt in die maritime Vergangenheit der Insel (Jens Winthers Vej 12, www.langelandsmuseum.com; Mo.–Do. 10.00–15.00, Fr. 10.00–13.00 Uhr). Nördl. von Rudkøbing liegt **Schloss Tranekær** (Urspr. 13. Jh.), dessen 75 ha großer englischer Park öffentlich zugänglich ist (Slotsgade 86, www.tranekaergods.dk).

AKTIVITÄTEN
Langeland ist Ausgangspunkt für **ein- und mehrtägige Touren auf der Ostsee** – mit dem Seekajak oder der Smakke-Jolle. Øhavets Smakkecenter baut die Jollen, vermietet sie und veranstaltet Törns (Strynø Brovej 12, Rudkøbing, Tel. 50 98 13 06, www.smakkecenter.dk).

INFORMATION
Langeland, Torvet 5, DK-5900 Rudkøbing, Tel. 62 51 35 05, www.langeland.dk

❺ Lolland und Falster

Die beiden ostdänischen Inseln sind seit jeher landwirtschaftlich geprägt. Größte Stadt auf Lolland und Falster ist Nykøbing Falster (16 900 Einw.). Mehr als 20 km lang sind die kinderfreundlichen Sandstrände von Marielyst auf Falster (s. auch S. 57).

SEHENSWERT
In der historischen Königs- und Klosterstadt **Nykøbing F.** (1231 erwähnt) übernachtete 1716 Zar Peter der Große im nach ihm benannten Czarens Hus (Færgestræde 1a). Ritterturniere, Steinschleudern, aber auch Handel und historische Speisen und Getränke im Restaurant „Goldener Schwan" lassen im **Mittelalterzentrum** die Vergangenheit lebendig werden (Ved Hamborgskoven 2, www.middelaldercentret.dk;

Wiesen, Wälder und Hafenorte, Sandstrände, Steilküsten und Kreidefelsen – auf Dänemarks Ostseeinseln findet jeder sein Idyll.

Juli und Aug. tgl. 10.00–17.00, Mai, Juni und Mitte Aug.–Mitte Okt. Di.–So. 10.00–16.00 Uhr).

HOTELS UND RESTAURANTS
Das € € € / € € **Bandholm Hotel** besitzt Meerblick, viel Charme und ein großartiges Restaurant (Havnegade 37, DK-4941 Bandholm, Tel. 54 75 54 76, www.bandholmhotel.dk). Starkoch Claus Meyer vereint bezahlbare Sterneküche mit preiswertem Wohnen im € € **Hotel Saxkjøbing** (Torvet 9, DK-4990 Sakskøbing, Tel. 54 70 40 39, www.hotel-saxkjobing.dk).

AKTIVITÄTEN
Lollands „Schlechtwetterversicherung" für Familien ist das Erlebnisbad **Lalandia** (Lalandia Centret, Rødby, Tel. 54 61 05 05, www.lalandia.dk; Mo.–Sa. 13.00–19.00, So. 10.00–15.00 Uhr). Die **Museumsbahn Maribo–Bandholm** gilt als einer der schönsten Oldtimerzüge im Königreich (Stationsvej 10, Bandholm, www.museumsbanen.dk; Juni–Aug. Mi., Do. und So.).

UMGEBUNG
Im **Knuthenborg Safaripark** leben auf 600 ha mehr als 1000 Löwen, Zebras, Antilopen und andere exotische Tiere in freier Wildbahn (Knuthenborg Allé, Maribo, www.knuthenborg.dk; Kernzeit April–Mitte Sept. tgl. 10.00 bis 16.00 Uhr).
Eines der schönsten Museen des Landes ist **Fuglsang** mit dänischer Kunst von 1780 bis 1960 (Nystedvej 71, Toreby, www.fuglsangkunstmuseum.dk; Juni–Aug. tgl. 11.00–17.00, April, Mai, Sept. und Okt. Di.–So. 11.00–16.00, sonst Mi.–So. 11.00–16.00 Uhr).

INFORMATION
Nykøbing Falster Turistbureau, Færgestræde 1a, DK-4800 Nykøbing Falster, Tel. 54 85 13 03, www.visitlolland-falster.dk

 Møn

Die Steilküste Møns Klint im Osten von Møn gehört zu Dänemarks berühmtesten Naturattraktionen: Die weißen Kreidefelsen mit ihren zahlreichen Fossilieneinschlüssen erstrecken sich über 7 km und sind bis zu 128 m hoch.

SEHENSWERT
Größter Ort auf Møn ist **Stege** (4000 Einw.), dessen Wahrzeichen ist das Mühlentor (Mølleporten, 14. Jh.). Stege Kirke (15. Jh.), Keldby Kirke (östl.) und vor allem die Elmelunde Kirke 8 km östl. (um 1080; Leonora Christines Vej 1, www.keldbyelmelundekirke.dk; tgl. 8.00–15.45/16.45 Uhr) sind bekannt für mittelalterliche Kalkmalereien.
Den schönsten Blick auf **Møns Klint TOPZIEL** (s. auch S. 57) hat man vom Wasser; die „Discovery" fährt tgl. hinaus (16 km östl.; Klintholm Havneby, Borre, www.sejlkutteren-discovery.dk).

INFORMATION
Touristinformation Møns Museum, Empiregaarden, Storegade 75, DK-4780 Stege, Tel. 70 70 12 36, www.visitsudseeland-mon.de

---

Genießen   Erleben   Erfahren

Ein Fest im Sattel

DuMont Aktiv

Dänemark ist ein Königreich für Radfahrer. Was zunächst wie eine Plattitüde klingt, erweist sich unterwegs schnell als Realität: Mehr als 10 000 Kilometer beschilderte Radwege – nationale und internationale Fernradwege wie auch lokale Rundwege – erschließen fast jeden Winkel des Landes. Obendrein „Berge", die höchstenfalls gut 180 Meter erreichen. Was soll der Radler da noch mehr wünschen? Allenfalls permanenten Rückenwind auf Radwegen („medvind på cykelstierne"), wie ihn der legendäre Komiker Jacob Haugaard einmal forderte. Denn, zugegeben, Wind weht oft, und manchmal auch von vorn – schließlich ist das Meer an keinem Punkt Dänemarks weiter als 52 Kilometer entfernt.

Und die schönste Route? Dieses Prädikat dürfte wohl dem Ostseeradweg gebühren: Über insgesamt 900 km führt die Østersøruten von der Fjordlandschaft am westlichen Kleinen Belt durch das Südfünische Inselmeer bis zur offenen Landschaft Lollands und Falsters und zur Kreideküste Møns. Immer wieder unterbrechen kleine Fährfahrten die Radelei, die je nach Lust und Laune und verfügbarer Zeit in insgesamt 15 bis 20 Tagesetappen unterteilt werden kann. Der Einstieg ist entlang der gesamten Strecke möglich, für viele Radler dürfte sich aber die deutsch-dänische Grenze als Ausgangspunkt anbieten. Von dort geht es ab Flensburg an der Flensburger Förde nach Alsen. Über Ærø und Langeland radelt man nach Lolland, von wo der Ostseeradweg weiter nach Falster und zum Urlaubsort Marielyst führt. Hinüber auf die kleine Insel Bogø geht es mit der Fahrradfähre „Ida" und weiter über das hügelige Møn bis Møns Klint, einer der spektakulärsten Naturschönheiten Dänemarks. Zurück verläuft die Route durch den von Herrenhöfen geprägten Süden der Hauptstadtinsel Seeland und Südfünens wieder nach Alsen.

Weitere Informationen
www.bikeandsea.com, www.visitdenmark.de/radfahren

So weit die Speichen tragen – Dänemarks Radwege bieten Stoff für weit mehr als einen Aktivurlaub

Sonneninsel für Genießer

Die Ostseeinsel Bornholm gilt seit jeher als eine kleine Welt für sich: eigentlich dänisch und doch zugleich etwas schwedisch. Mit Felsküste und knarzendem Dialekt, der dem legendären Eigensinn der Insulaner Ausdruck verleiht. Hier liegt der östlichste Punkt des dänischen Königreichs, von dem aus Russland weit näher ist als Blåvandshuk an der jütländischen Nordseeküste.

Beim kulinarischen Festival „Sol over Gudhjem" treten Dänemarks Spitzenköche gegeneinander an – das Publikum darf dabei zuschauen und staunen

Typisches Bornholm-Panorama:
der Hafen von Allinge

Spielmannszüge werden von den Dänen zu jeder Gelegenheit
und von Kindesbeinen an geschätzt – hier in Gudhjem

Østerlars Kirke ist die größte der vier Bornholmer Rundkirchen. Gut zu sehen sind die Mauerlöcher, um einen hölzernen Wehrgang zu befestigen. Denn ihr Kegeldach bekam die Kirche erst im späten Mittelalter

Dänemarks östlicher Außenposten lässt keinen Zweifel an seiner nationalen Zugehörigkeit, legt aber dennoch großen Wert auf Eigenständigkeit.

Bornholm ist eine kleine Welt für sich. Auf der klimatisch milden Ostseeinsel beginnt der Frühling zwar oft etwas später als im übrigen Land, dafür aber dauert der Herbst fast immer länger. Noch Ende September, ja bis weit im Oktober kann es dank der beiden „Wärmespeicher" – Ostsee und Dänemarks einziger Felsküste im Inselnorden – erstaunlicherweise angenehm warm sein.

Auch seinen Ruf als Sonneninsel trägt Bornholm zu recht: Jahr für Jahr zählt Dänemarks Wetterbehörde DMI auf den 588 Quadratkilometern die meisten Sonnenstunden. 2017 waren es genau 1694. Da passt, dass im Süden mit den rund 25 Kilometer langen Sandstränden von Dueodde bis Snogebæk und Balka einige der schönsten Badeküsten des Landes liegen. Der Sand von Dueodde ist so fein, dass er früher in aller Welt in Sanduhren gefüllt wurde.

Andacht im Rund

Bornholm liegt rund 140 Kilometer vom übrigen Königreich entfernt vor Südschweden – kein Wunder, dass auch der Bornholmer Dialekt eine knarzende Mischung aus Dänisch und Schwedisch ist. Und noch etwas sieht anders aus als im Mutterland: Die vier mittelalterlichen Kirchen sind fast kreisrund.

Keine Frage: Die strahlend weißen Rundkirchen sind Bornholms Wahrzeichen. Die vier ungewöhnlichen Gotteshäuser stammen aus Zeiten, als Kirchen zudem noch regelrechte Gottesburgen, also auch Festung, Schutz- und Lagerraum waren. Die größte der vier Bornholmer Rundkirchen ist die Kirche von Østerlars. Nylarskirke, Olskirke und vor allem die Nykirke sind deutlich kleiner. Von Letzterer vermuten Historiker, dass auch sie größer geplant war, dann aber nicht vollendet werden konnte.

Die bauliche Konstruktion aller Rundkirchen ist gleich: Gestützt auf einen runden Mittelpfeiler, schwebt über dem runden Kirchraum das Dach. Die dicken Außenmauern verdeutlichen den wehrhaften Charakter. Die beiden oberen Stockwerke mit schießschartenkleinen Fenstern dienten als Schutzräume und in Krisenzeiten auch als Lager für Nahrungsmittel, Hab und Gut. Das Obergeschoss trug ursprünglich sogar einen Zinnenkranz. Die Glockentürme aller Rundkirchen stehen abseits. Faszinierend nicht nur für Kunsthistoriker sind die mittelalterlichen Kalkmalereien, die meist erst in jüngster Zeit wieder freigelegt wurden. Wie in der etwa 1150 erbauten Østerlars Kirche zeigen die bunten Darstellungen biblische Szenen, etwa Leben, Sterben und Auferstehung Jesu.

In einem früheren Hühnerstall fertigen Majbritt Jønsson und Pete Hunner von Baltic Sea Glass kunstvolle, aber auch praktische Glas(kunst)werke (oben links und unten rechts). Kenner weit über Dänemarks Grenzen hinaus halten Lakritz von Johan Bülow für das beste – der Erfolg begann 2007 in Svaneke (oben rechts), wo auch die Keramikkünstlerin Charlotte Thorup zu Hause ist (unten links)

Ohne dänische Flagge geht es kaum – auch nicht in Hasles Fischräucherei, wo im milden Rauch „Bornholmer" und Lachsseiten reifen

Räucherhering

Bornholmer

„Der Rauch verwandelt das Silber unserer Heringe in das Gold der Bücklinge", sagen die Bornholmer Fischer.

Genuss braucht Zeit: Bis zu vier Stunden hängen die Fische im Rauch von Kirsch- oder Erlenholz in den zahlreichen Räucheröfen der Insel – deren typischer Kamin überragt nicht nur Fischerhäfen, sondern auch heute noch viele der historischen Wohnhäuser entlang der Küste. Ein Besuch auf Bornholm ist nicht vollständig, ohne wenigstens einmal den Klassiker „Sol over Gudhjem", Sonne über Gudhjem, probiert zu haben – in einer der Räuchereien mit Meerblick. Dieses Smørrebrød besteht aus einer Scheibe Schwarzbrot, die mit Räucherhering belegt ist. Dazu gibt es Schnittlauch, Radieschen und ein rohes Eidotter. Einfach und gut. So gut, dass sogar ein Kochwettbewerb danach benannt ist.

Auf Granit gebaut

Auch Nordeuropas größte Burgruine Hammershus ist ein Überbleibsel aus dem Mittelalter. Noch in ihren wenigen erhaltenen Mauern und Türmen lässt sich erahnen, wie wehrhaft die Festung einst auf dem 80 Meter hohen Granitfelsen Hammeren im Norden von Bornholm über dem Meer gethront haben mag – und wie imposant sie schon aus der Ferne wirkte. Errichtet wurde Hammershus ab 1250 auf Initiative des Erzbischofs von Lund im heutigen Südschweden. Über mehr als vier Jahrhunderte residierten hier abwechselnd Erzbischöfe und Könige, ehe man die kleinen, nordöstlich von Bornholm gelegenen Inseln Christiansø und Frederiksø ebenfalls zur Festung ausbaute und Hammershus seine Bedeutung verlor. Knapp 100 Jahre diente die Ruine für die Bewohner der umliegenden Orte als Steinbruch – so manches Haus in Rønne oder Hasle war deshalb zumindest teilweise schon einmal eine Burg. Seit 1822 steht Hammershus unter Schutz und wird regelmäßig renoviert. Heute begegnet man in den historischen Mauern vielen dänischen Schulklassen auf Zeitreisen ins Mittelalter. Darüber hinaus dient Hammershus besonders im Sommer oft als eindrucksvolle Kulisse für Konzerte und andere Kulturveranstaltungen.

Lokale Genüsse

Was heute als Trend von der internationalen Spitzengastronomie allüberall gefeiert wird, gilt auf Bornholm schon immer als Indiz für eine herzliche Gastfreundschaft: Lokale Produkte sind das Gütesiegel der Inselküche. Allen voran natürlich Fisch – aus den Gewässern rund um die 158 Kilometer lange Küste, an der Fischerorte wie Hasle, Gudhjem, Svaneke und das größere Nexø liegen. Hier wie dort kann man fangfrischen kulinarischen Versuchungen erliegen, darunter Dorsch und Lachs, vor allem aber geräuchertem „Bornholmer" – den auf Dänisch Sild genannten Hering.

Man kann und sollte sich Bornholm aber nicht nur an der Küste auf der Zunge zergehen lassen. Zahlreiche Produzenten haben weit über die Insel hinaus einen exquisiten Ruf und sich unter dem Motto „Gourmet Bornholm" zusammengetan. So steht der Name von Johannes Dam aus Aakirkeby seit Generationen für die gerühmten Roggenkekse „Bornholmske Kiks". Die Meierei St. Clemens in Klemensker stellt beispielsweise herausragende, mehrfach prämierte Käsesorten her. Das Bier aus dem Svaneke Bryghus trinkt man auch gern in Kopenhagen. So wie man die Lakritzspezialitäten von Johan Bülow nicht nur in seiner Heimat findet – der Bornholmer hat

Zweimal Bornholmer Landschaft: Johns Kapel nördlich Hasle, benannt nach einem legendenhaften Eremiten, der das Christentum nach Bornholm gebracht haben soll, und der Strand von Dueodde

Als Ferienunterkunft fungiert auch die Schmiede auf Frederiksø

Ausflugsgäste auf Christiansø, einer der Erbseninseln. Gegen die schwedische Seeherrschaft gerichtet, ließ Dänenkönig Christian V. in den 1680er-Jahren die Inselfestung bauen, zu der auch der massige Turm auf Frederiksø gehörte

seine Manufaktur aufgrund der großen Nachfrage bereits in Hauptstadtnähe verlegt. Einen ähnlichen Schritt wagte Sternekoch Rasmus Kofoed: Sein Stammrestaurant „Kadeau" liegt nach wie vor in Bornholms Inselsüden bei Vestre Sømark, doch sein Ableger in Kopenhagen ist längst das größere „Kadeau".

Sogar Wein wird auf Bornholm angebaut, da wird die Sonneninsel ihrem Namen gerecht. Der gelernte Landwirt Jesper Paulsen kultiviert ihn seit rund 15 Jahren auf seinem Hof Lille Gadegård bei Pedersker auf rund dreieinhalb Hektar. Die nordische Sommersonne, die oft bis weit in den September scheint, tut dem Wein gut: Rund 15 000 Flaschen Roter kommen jedes Jahr zusammen. Damit ist Paulsen einer von etwa 40 dänischen Weinbauern und betreibt ein immer noch exotisches Geschäftsmodell. Dabei ist Dänemark von der Europäischen Union längst als Weinanbauland anerkannt.

Kreativer Hotspot

Mindestens ebenso bekannt ist Bornholm für sein hochkarätiges Kunsthandwerk. Etwa 100 Keramiker, Glasbläser, Textildesigner oder Schmuckmanufakturen machen die 40 000 Einwohner umfassende Insel zu einem kreativen Hotspot. Künstler wie der berühmte Skagenmaler Michael Ancher und Oluf Høst, dessen kleines Museum in seinem Wohnhaus in Gudhjem zu den schönsten im Land gehört, wussten schon vor 100 Jahren Bornholms Licht und Natur als Motiv zu schätzen.

Heute haben Glasdesigner Hühnerställe zu Ateliers umfunktioniert, Textilkünstler sich in alten Höfen oder Fischerhäusern angesiedelt. Die ganze Bandbreite der Bornholmer Kunstszene erschließt sich in Grønbechs Gård in Hasle, wo die Wechselausstellungen der Arts & Crafts Association Bornholm einen Überblick über Schaffen und Trends geben. 2017 erhielt Bornholm sogar eine ganz besondere Ehre: Als erste Region Europas trägt es seither den Titel „World Craft Region".

DUMONT THEMA

DÄNEMARKS FEIERTAGE

Von Jule-Zeit und Påske-Tagen

Weihnachten, aber auch Ostern und St. Hans gehören zu den wichtigsten Festen im dänischen Kalender – ein Blick auf nordische Bräuche und Traditionen.

Zum Weihnachtsbaum (hier im Freilichtmuseum Den Gamle By in Aarhus) gehört die Nationalflagge.

Manchmal könnte man den Eindruck haben, in Dänemark wäre das ganze Jahr über Weihnachten: Selbst im Sommer sieht man in vielen Fenstern kleine, rot-weiß gekleidete Kobolde sitzen – Julenisser, Weihnachtswichtel, die auf das Fest der Feste warten. Denn ohne Nisser kein Jul, wie Weihnachten auf Dänisch heißt. Die Weihnachtskobolde gehören als Figuren und Schmuck in jede Wohnung. Auf dem Land gibt es darüber hinaus den Brauch, in der Adventszeit eine Schüssel mit Milchreis auf den Dachboden zu stellen. Mit ihrer Leib- und Magenspeise will man die Nisser gütlich stimmen, damit sie das restliche Jahr nicht zur Plage werden.

Wer am letzten Juliwochenende nach Kopenhagen reist, mag seinen Augen nicht trauen. Denn gerade wenn der dänische Sommer warm und sonnig ist, wimmelt es in den Straßen der dänischen Hauptstadt von rot gewandeten älteren Herren mit Rauschebart – Weihnachtsmann, Nikolaus, Santa Claus, Julemand & Co. treffen sich im ja für Nikoläuse arbeitsfreien Sommer zum Weltkongress der Weihnachtsmänner. Das „Julemændenes Verdenskongres" genannte Standesevent findet nördlich von Kopenhagen im Vergnügungspark Dyrehavsbakken statt. Dabei sind Weihnachtsmänner aus aller Welt und natürlich aus Grönland. Zwar streiten sich die skandinavischen Länder über die Herkunft des Weihnachtsmanns, für die Dänen steht allerdings fest: Der Weihnachtsmann kommt aus Grönland.

Die eigentliche Weihnachtszeit beginnt auch in Dänemark mit dem Advent. Neben dem Adventskalender wird in Dänemark eine Adventskerze abgebrannt: In 24 Querstriche aufgeteilt, werden Kerze und Wartezeit jeden Tag um einen Strich kürzer. In diesen Vorweihnachtswochen treffen

Weihnachtliche Auslagen im Aarhuser Freilichtmuseum Den Gamle By

DUMONT
THEMA

Nach der beliebtesten Persönlichkeit im Land gefragt, gibt es durch alle Bevölkerungsschichten und Generationen bei Umfragen immer wieder eine Antwort: Margrethe II. Die Regentin – hier mit einem Osterpräsent – führt „ihr" Königreich seit 1972

sich Firmen, Vereine, aber auch Freunde gern zum Julefrokost. Das eigentlich harmlose kalte Buffet entwickelt sich nicht selten zum feucht-fröhlichen Gelage – weshalb die Polizei im ganzen Königreich mehr Kontrollen als üblich durchführt, um für Sicherheit und höhere Staatseinnahmen zu sorgen.

Anders als hierzulande beginnt das Hochfest Weihnachten selbst bereits am 23. Dezember, an „Lille Juleaften", dem „kleinen Heiligabend". Dann schmücken dänische Familien ihren Weihnachtsbaum, die Vorbereitungen zum Heiligabend laufen auf Hochtouren. Es wird Gløgg, der dänische Glühwein aus Rotwein und Aquavit, Mandeln und Rosinen, getrunken und frisch gebackene Plätzchen und Konfekt genascht. Beliebteste Jule-Dekoration ist das „Flettehjerte", das aus Papier geflochtene Weihnachtsherz in Rot und Weiß, das alle Juletræer, also Weihnachtsbäume, schmückt. Am Abend des 24. Dezember (Juleaften) wird dann das Julemad serviert: Das Weihnachtsessen besteht typischerweise aus Gans, Ente, Pute oder Schweinebraten mit Rotkohl und braunen Kartoffeln. Als Nachtisch gibt es zwingend Ris à l'amande, Milchreis mit Sahne und Kirschsoße, in dem eine ganze Mandel versteckt ist. Wer die Mandel findet, bekommt das Mandelgeschenk – meist ein Marzipanschwein.

Ein Fest auch für Narren

Ostern heißt auf Dänisch Påske. Für die meisten Dänen liegt die Bedeutung des Festes längst nicht mehr in seinem religiösen Ursprung, sondern dient als populäre Gelegenheit für einen Kurzurlaub zum Frühjahrsanfang. Der Grund: Zusätzlich zu Karfreitag (Langfredag), Ostersonntag und Ostermontag ist auch der Gründonnerstag (Skærstorsdag) ein Feiertag – das heißt fünf freie Tage am Stück.

Dass die dänischen Ostertraditionen den deutschen ähneln, liegt vor allem daran, dass die zentrale Figur ein Import aus dem Süden ist: Der Glaube an den Osterhasen, der bunte Eier versteckt, verbreitete sich erst ab 1900 über die Grenze via Südjütland nach ganz Dänemark.

Dagegen bastelte man im kleinen Königreich zu Ostern immer schon gern. Eine original dänische Tradition sind die Gækkebreve. Dies sind kleine Briefe beziehungsweise Papierseiten, die zusammengefaltet und kunstvoll eingeschnitten werden. Sie sind sehr individuell, vielfältig und haben unterschiedlichste Muster. Im Brief schreibt man einen Reim und fordert den Empfänger auf, zu raten, wer ihm den Gruß geschickt hat – der Name des Absenders wird hierzu freilich ausgelassen. Errät der Empfänger des Briefes den Namen nicht, ist er ein Gæk, ein Narr.

Zu den auch gern öffentlich gefeierten Festen im Jahreslauf gehört St. Hans, in Deutschland Johanni genannt, das in enger Verbindung mit der Sommersonnenwende steht und deswegen mit großen Feuern gefeiert wird – hier in Kopenhagens Nyhavn

Ein ganz besonderes Stück Dänemark

Seit 1658 dänisch, ist Bornholm dennoch ein ganz eigenes Stück Dänemark. Nicht nur, dass hier die Sonne mehr scheint, auch die Kreativität ist auf der bei Feriengästen überaus beliebten Insel ausgeprägter, wie die große Kunsthandwerkerdichte zeigt.

❶ Rønne

Bornholms Hauptstadt (13 500 Einw.) erreichen die meisten Urlauber per Fähre. Schon von Weitem leuchtet der helle Fachwerkturm der Kirche über der Altstadt auf. Im Mittelalter hieß Rønne „Rodne – verfault" – so stark roch es an der sumpfigen, tangreichen Küste.

SEHENSWERT
Obwohl noch Anfang Mai 1945 von russischen Bomben schwer getroffen, laden Rønnes wiederaufgebaute enge **Kopfsteingassen** um die **Kirche Sanct Nikolai** (1215, Umbau 1918) mit niedrigen bunten Häusern zum Bummeln ein. Kaum zu glauben: Das kleine **Rønne Teater** von 1823 in der Teaterstræde 2 ist die älteste, durchgehend bespielte Bühne im Königreich.

MUSEEN
Einen Überblick über Bornholms Geschichte gibt das **Kulturhistorische Museum Rønne** (Abteilung von Bornholms Museum); außergewöhnlich sind die 1985 bei Svaneke gefundenen Guldgubber, kleine Goldmännchen aus dem 6./7. Jh., die kultischen Zwecken dienten (Sankt Mortensgade 29, www.bornholmsmuseum.dk; Juli–Mitte Aug. tgl. 10.00–17.00, Mai, Juni und Mitte Aug.–Mitte Okt. Mo.–Sa. 10.00 bis 17.00, sonst Mo.–Fr. 13.00–16.00, Sa. 11.00 bis 15.00 Uhr). Der Fachwerkhof **Erichsens Gård** zeigt großbürgerliche Wohnkultur und eine Ausstellung zum Malerdichter Holger Drachmann (1846–1908; Laksegade 7, www.bornholmsmuseum.dk; Mai–Okt. Fr. und Sa. 10.00–16.00 Uhr). Ein Erlebnis auch mit Kindern ist das Keramikmuseum **Hjorths Fabrik,** in dem seit 1859 in Handarbeit Keramik hergestellt wird. In den Sommerferien können Besucher selbst ihr Geschick als Töpfer erproben (Krystalgade 5, www.bornholmsmuseum.dk; Mai–Mitte Okt. Mo.–Sa. 10.00–17.00, sonst nur Laden und Ausstellung Mo.–Fr. 13.00–17.00, Sa. 10.00–13.00 Uhr; gemütlicher Cafégarten).

EINKAUFEN
Bornholmerure gehören zur Insel. Die Standuhren mit Pendel wurden erstmals 1745 gebaut, nachdem ein holländisches Lastschiff mit – vermutlich englischen – Uhren vor der Insel gestrandet war. Heute erinnern an die einst zahlreichen Manufakturen nur noch einige bunte Exemplare im Kulturhistorischen Museum. **Keramik** findet man bei Eva Brandt (Larsegade 23, www.evabrandt.dk). Einkaufen wie früher kann man im **Oste-Hjørnet,** der Käseecke (Østergade 40b, www.ostehjoernet.dk).

HOTELS UND RESTAURANTS
Das € € € **Griffen Spa Hotel,** Bornholms größtes Hotel, findet sich hafennah mit Meerblick (Nordre Kystvej 34, DK-3700 Rønne, Tel. 56 95 51 11, www.hotelgriffen.dk; Restaurant). Nah an Wald und Strand liegt das kleinere € € € / € € **Hotel GSH** (Strandvejen 79, DK-3700 Rønne, Tel. 56 95 19 13, www.greensolutionhouse.dk; Appartements). Cappuccino in der Sonne, ein Smørrebrød oder ein Menü – das € € / € **Café Gustav** an Rønnes Marktplatz ist ein beliebter Treffpunkt (Store Torv 8, Tel. 56 91 00 47, www.cafegustav.dk).

AKTIVITÄTEN
Fahrräder verleiht **Bornholms Cykeludlejning** (Nordre Kystvej 5, www.bornholms-cykeludlejning.dk). **Bornholms Golf Klub** bietet 18- und 9-Loch-Bahnen mit attraktiver Greenfee (Plantagevej 3b, www.bornholmsgolfklub.dk).

UMGEBUNG
Im kleinen **Hasle** (12 km nördl.) liegt eine der fünf alten Räuchereien Bornholms; in der Hasle Røgeri kann man nicht nur Fisch genießen, ein Museum informiert zudem über das Handwerk (Sønder Bæk 20, www.hasleroegeri.dk; April bis Sept. tgl. 10.00–17.00 Uhr, Ende Juni–Ende Aug. 10.00–21.00 Uhr). Einen Überblick über die rund 60 Kunsthandwerker Bornholms gibt Grønbechs Gård; hier sind Werke der Glasbläser, Keramiker oder Textildesigner der Arts & Crafts Association Bornholm zu sehen (Grønbechs Gård 4, www.groenbechsgaard.dk; Mitte April–Nov. tgl. 10.00–17.00 Uhr).
In **Nyker** (7 km nordwestl.) steht mit der Ny Kirke die kleinste der fünf Rundkirchen Bornholms (Ny Kirke Ellebyvej 1a; April–Okt. Mo.–Fr. 8.00–16.00 Uhr). In ihrem Schatten hat die Textilkünstlerin Bente Hammer in einem alten Bauernhof ihr Ateliergeschäft (Nyker Hovedgade 32, www.bentehammer.dk).

INFORMATION
Bornholms Velkomstcenter, Nordre Kystvej 3, DK-3700 Rønne, Tel. 56 95 00 00, www.bornholm.info

Trutzige Ruine Hammershus (oben). Textildesignerin Bente Hammer in ihrem Atelier in Nyker (unten)

❷ Allinge-Sandvig

Groß wurden die beiden Hafenstädtchen (1700 Einw.) im Inselnorden durch den Heringsfang. Um 1800 war diese Ära vorbei – 100 Jahre später begann hier Bornholms goldene Zeit des Tourismus.

SEHENSWERT
Bei Sandvig liegt die Halbinsel **Hammeren** mit steilen Granitfelsen. Entlang der Küste führt ein Rundwanderweg (7 km) auch am früheren Granitbruch und heutigen See **Hammersø** vorbei.
Hammershus TOPZIEL, die größte Burgruine Nordeuropas, wurde vom Bischof in Lund ab 1255 erbaut und wechselte danach häufig die Besitzer. Das neue Informationscenter beim Parkplatz erläutert Geschichte und Bedeutung der Anlage (Slotsgaarden; Ende Juni–Aug. tgl. 10.00–21.00, Mitte Mai–Ende Juni, Sept.–Okt. tgl. 10.00–17.00 Uhr, Ruine ganzj.).

INFOS & EMPFEHLUNGEN

HOTELS UND RESTAURANTS
Das Hotel € € € / € € **Hammersøen** liegt nicht am Meer. Dafür hat es Aussicht auf das oft tiefblaue Wasser des Hammersees. Mit eigenem Restaurant (Hammershusvej 86, Sandvig, DK-3770 Allinge, Tel. 56 48 03 64, www.hotel hammersoe.dk).
Das Restaurant € € € € / € € € **Det Gamle Posthus** ist in der alten Post von 1761 zu Hause. Die Speisekarte setzt auf typische Bornholmer Gerichte, vor allem auf Fisch (Kirkegade 8, Allinge, Tel. 56 48 10 42, www.detgamle posthusallinge.dk). € € / € **Nordbornholms Røgeri** am Hafen von Allinge bietet Fischspezialitäten (Kæmpestranden 2, www.nbr.dk). Herrliche Eissorten zaubert **Sandvig Is Kalas** (Strandgade 8).

INFORMATION
Allinge Turistinformation, Sverigesvej 11, DK-3770 Allinge, Tel. 56 95 95 00, https://bornholm.info

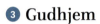 Gudhjem

Über Dänemarks einzige Felsenstadt (700 Einw.) hat man einen schönen Blick vom 50 m hohen „Hausberg" Bokul.

SEHENSWERT
Nur wenige Schritte vom Meer liegt das **Oluf Høst Museum,** früher Wohnhaus und Atelier des Bornholmer Malers (1884–1966), mit einigen seiner schönsten Werke (Løkkegade 35, www.ohmus.dk; Juni–Sept. tgl. 11.00–17.00, sonst Di.–So. 11.00–17.00 Uhr). Der alte Bahnhof beherbergt das **Gudhjem Museum** mit Werken von Høst- und anderen Bornholm-Malern (Stationsvej 1, http://gudhjembyogmindefore ning.dk; nur bei Ausstellungen tgl. 13.00 bis 17.00 Uhr). Das **Landwirtschaftsmuseum Melstedgård** erinnert an Bornholms bäuerliches Leben im 19. Jh. (Melstedvej 25, www.

> **Tipp**
>
> ## Hoch hinaus
>
> Wer nur Bornholms Küste bereist, verpasst eine der schönsten Seiten der Insel: Almindingen im Herzen Bornholms ist mit 3800 ha Dänemarks fünftgrößter Wald, erschlossen wird er von zahlreichen Wander- und Radwegen. Moore, Seen und ein reiches Tierleben geben der Natur hier zu jeder Jahreszeit einen anderen Charakter. Das Spaltental Ekkodalen mit dem einzigen Echo des Landes, der Rytterknægten, mit 162 m Bornholms höchster Punkt, oder die mehr als 1000 Jahre alten Wikingerburgen Lilleborg und Gamleborg sind weitere Attraktionen von Almindingen. Sogar eine kleine Herde Bisons wurde jüngst hier wieder ausgewildert.

Sandstrand bei Dueodde (links). Landsknecht in Bornholms Mittelaltercenter (rechts oben). Østerlars Kirke hinterm Kornfeld (rechts unten)

bornholmsmuseum.dk; Juli–Mitte Aug. So.–Fr. 10.00–16.00, Mitte Mai–Mitte Juni und Mitte Aug.–Mitte Okt. So.–Do. 10.00–16.00 Uhr). Ihm angeschlossen ist das landesweit einmalige Kulinarik-Erlebniscenter **Gaarden – Bornholms Madkulturhus,** in dem sich alles um regionale Erzeugnisse und Spezialitäten Bornholms dreht (Tel. 56 95 07 35, www.gaarden.nu; nur bei Veranstaltungen, Workshops etc.).

RESTAURANT UND EINKAUFEN
Gudhjem Røgeri bietet Räucherfisch, „Sonne über Gudhjem" und andere Köstlichkeiten (Ejnar Mikkelsensvej 9, www.smokedfish.dk). Die Bonbonmanufaktur **KaramelKompagniet** ist über Gudhjem hinaus bekannt (Holkavej 2, Tel. 56 44 22 55; www.karamelkompagniet.dk).

UMGEBUNG
Bornholms Kunstmuseum TOPZIEL (6 km nordw.), oberhalb der Felsküste nahe der Felsformation Helligdomsklipperne gelegen, gehört zu den schönsten Kunstmuseen des Landes. Es zeigt moderne dänische Kunst und Werke der Bornholmer Maler (Otto Bruuns Plads 1, Gudhjem, www.bornholms-kunstmuseum.dk; Juni bis Aug. tgl. 10.00–17.00, April, Mai, Sept. und Okt. Di.–So. 10.00–17.00, sonst Do.–Fr. 13.00 bis 17.00, Sa. und So. 10.00–17.00 Uhr). Eine Zeitreise ins Mittelalter zwischen 1300 und 1450 ermöglicht **Bornholms Mittelaltercenter** (5 km südl., Stangevej 1, Østerlars, www.bornholmsmiddelaldercenter.dk; Juni bis Mitte Aug. tgl. 10.00–17.00, Mai, Juni und Mitte Aug.–Sept. tgl. 10.00–16.00 Uhr). Gegenüber liegt die **Østerlars Kirke** (um 1150), größte und schönste der fünf Rundkirchen, u. a. mit Kalkmalereien zur Geburt Jesu und des Jüngsten Gerichts (Vietsvej 25, Østerlars; April–Sept. Mo.–Sa. 9.00–17.00, So. 11.00–17.00 Uhr). **Baltic Sea Glass** fertigt Glas(kunst)werke (3 km südl.; Majbritt Jønsson und Pete Hunner, Melstedvej 47, www.balticseaglass.com). Im Hafen von Gudhjem legt das Ausflugsschiff „Ertholm" zur Überfahrt auf die **Ertholmene** ab – die „Erbseninseln" Christiansø und Frederiksø mit 100 Einw. waren einst Festung gegen die Schweden und andere Feinde (www.christiansoe.dk, www.christiansoefarten.dk).

INFORMATION
Gudhjem Turistinformation, Ejnar Mikkelsens Vej 25, DK-3760 Gudhjem, Tel. 56 95 95 00, https://bornholm.info

Aakirkeby

Aakirkeby (2000 Einw.) war das Zentrum des mittelalterlichen Bornholms. Nachdem die Lübecker 1510 die Stadt niedergebrannt hatten und der Hafen im Süden versandete, ging seine Bedeutung verloren.

SEHENSWERT
Das **Naturerlebniscenter NaturBornholm** vermittelt auf spielerisch-lehrreiche Weise Flora und Fauna sowie 1,2 Mrd. Jahre Inselgeschichte – u. a. mit einem Sprung über einen Riss im Granit (Grønningen 30, www.naturborn holm.dk, Ende April–Ende Okt. tgl. 10.00 bis 17.00 Uhr, auch Ranger-Touren).

RESTAURANT
Auf Bornholm startete Starkoch Rasmus Kofoed seinen Siegeszug durch die Gourmetwelt – und sein € € € € / € € € Spitzenrestaurant **Kadeau** (9 km südl.; Baunevej 18, Vestre Sømark, Pedersker, Tel. 56 97 82 50, www.kadeau.dk).

UMGEBUNG
Auf dem **Lille Gadegård** wachsen Weinsorten wie Rondo, Frühburgunder, Regent und Bolero (6 km südl; Søndre Landevej 63, www.a7.dk).

INFORMATION
Aakirkeby Turistinformation, (Spar-Supermarkt), Torvet 1, DK-3720 Aakirkeby, Tel. 56 95 95 00, https://bornholm.info

❺ Nexø (Neksø)

Bornholms zweitgrößte Stadt (3700 Einw.) wird geprägt vom Fischereihafen. Noch am 7. und 9. Mai 1945 erlitt der Ort durch russische Luftangriffe schwere Schäden. Die 75 Häuser im Schwedenviertel waren eine Wiederaufbauhilfe.

MUSEEN

Nexøs größter Sohn benannte sich nach seiner Heimatstadt: der Schriftsteller **Martin Andersen Nexø** (1869–1954; „Pelle der Eroberer"). Sein Elternhaus ist Museum (Ferskesøstræde 36, www.andersennexoe.dk; Mai–Juni Mo.–Fr. 13.00–16.00 Uhr, Juli–Okt. Di.–Fr. 13.00–16.00, Sa. 10.00–13.00 Uhr). Das **Nexø Museum** am Hafen widmet sich Fischerei und Geschichte (Havnen 9, www.nexoemuseum.dk; Juli und Aug. Mo.–Fr. 10.00–16.00, Sa. 10.00–13.00, Mai, Juni, Sept. und Okt. Mo.–Fr. 13.00–16.00 Uhr).

UMGEBUNG

Bornholms Südspitze um **Dueodde TOPZIEL** (s. auch S. 57) und **Balka Strand** (10 km südl.) ist durch und durch eine Urlaubsregion. Den besten Überblick hat man vom 47 m hohen Leuchtturm von Dueodde (Juli–Mitte Aug. tgl. 11.30–16.00, Mai, Juni und Sept. 11.30 bis 15.00 Uhr). Das beste Eis der Insel bietet Thorkil Boisen in **Snogebæk** (6 km südl; Hovedgade 4, www.boisen-is.dk).

INFORMATION

Bornholms Turistinformation Nexø, Havnen 4B, 3730 Nexø, Tel. 56 95 95 00, https://bornholm.info

Svaneke

Der kleine Hafenort (1100 Einw.) mit seinen bunten Fachwerkhäusern gehört zu den schönsten des Landes. Der markante Wasserturm stammt von Stararchitekt Jørn Utzon.

EINKAUFEN

Svaneke ist Bornholms Kunsthandwerk-„Metropole" – das Angebot reicht von **Glasdesign** (Pernille Bülow, Brænderigænget 8, www.pernillebulow.dk; auch Hobbykurse) über **Textildesign** (Timmi Kromann, Svaneke Torv 4, Eingang Brænderigænget, www.kokolores.dk) und **Bonbons** (Svaneke Bolcher, Svaneke Torv 7, www.svanekebolcher.dk) bis zu **Lakritz** (Johan Bülow, Glastorvet 1, www.lakrids.nu).

HOTEL UND RESTAURANT

€ € **Siemsens Gaard** in einem alten Kaufsmannshof ist ein Sommerhotel mit Hafenblick und Restaurant (Havnebryggen 9, DK-3740 Svaneke, Tel. 56 49 61 49, www.siemsens.dk).
€ € **Svaneke Bryghus** gehört zu den besten Mikrobrauereien in Dänemark (Svaneke Torv 5, Tel. 56 49 73 21, www.svanekebryghus.dk).

UMGEBUNG

Der Familienpark **Joboland Brændegårdshaven** (4 km westl.) mit Achterbahn, Wasserrutsche, Badeland, Tierpark etc. bietet bei jedem Wetter Spaß (Højevejen 4, www.joboland.dk; Juli–Mitte Aug. tgl. 11.00–18.30, Mitte Mai–Juni und Mitte Aug.–Mitte Sept. 11.00–17.00 Uhr).

INFORMATION

Svaneke Turistinformation, Peter F. Heeringsgade 7, DK-3740 Svaneke, Tel. 56 95 95 00, https://bornholm.info

---

Genießen   Erleben   Erfahren

Trolling Bornholm

DuMont Aktiv

Experten wissen es ohnehin: Einer der besten Angelplätze Dänemarks liegt vor der Küste Bornholms. Rund um die Ostseeinsel gibt es reiche Bestände an Dorsch, Hering und wildem Lachs. Letzterer steht auch im Mittelpunkt eines der größten Angelwettbewerbe des Landes: Alljährlich Ende April, Anfang Mai finden die „Trolling Master Bornholm" statt, bei denen sich Angler aus ganz Europa auf die Ostseeinsel begeben.

Das Wort Trolling stammt aus dem Englischen und beschreibt die Angeltechnik, den Fisch mit der Schleppangel zu fangen. Vier Tage lang gehen rund 300 dänische und internationale Boote vom kleinen Hafen im nahe Allinge-Sandvig gelegenen Fischerort Tejn aus auf Fang in den Fischgründen vor der Bornholmer Nordostküste. Gestartet wird in zwei Schiffsklassen für Angelboote, in unter bzw. über 6,5 Metern Länge. Gefangen wird ausschließlich Lachs. Die Mindestgröße für gefangenen Fisch beträgt 75 cm. Tagesprämien gibt es jeweils für den größten gefangenen Fisch, gemessen in Punkten je Kilo Lebendgewicht. Den Siegern winken Prämien in Höhe von bis zu umgerechnet 10 000 Euro.

Sehen lassen kann sich übrigens auch der Co-Veranstalter: Denn ausgerichtet werden die „Trolling Master" vom Melsted Trolling Center und vom regionalen Fernsehsender TV2/Bornholm, der den Wettbewerb sogar live überträgt.

Weitere Informationen

Die Gebühr für die Teilnahme an den „Trolling Master Bornholm" beträgt je Angler etwa 200 DKK. Die Anmeldegebühr je Boot inkl. Skipper liegt dagegen bei etwa 800 DKK. Voraussetzung für die Teilnahme an diesem internationalen Angelwettbewerb ist der Besitz eines gültigen Angelscheins. Informationen unter www.bornholm.info/de/trolling-master-bornholm. Anmelden können sich Interessenten auch online unter www.tv2bornholm.dk/trolling.

Gleich mehrere Angelruten werden beim Schleppangeln mit einem Köder versehen und hinter dem fahrenden Boot hergezogen

UNSERE FAVORITEN

Kleine Inseln

Acht aus 450

Das „Inselreich" Dänemark umfasst rund 470 Eilande – große bekannte genauso wie kleine Geheimtipps. Nur knapp 80 davon sind bewohnt. Anders gesagt: Dänemark ist das perfekte Reiseziel für Inselsammler! Mehr Meer und Natur, idyllische Dörfer und Abstand vom Alltag geht kaum – und das beginnt schon, wenn der Puls bei der Überfahrt spürbar sinkt.

① Mandø

Nach Mandø (https://mandoeturist.dk) gelangt man nicht mit der Fähre – sondern mit einem Bus: dem Traktorbus ab Vester Vedsted. Das knuffige Gefährt erreicht in etwa 40 Minuten Dänemarks kleinste Wattenmeerinsel über den Ebbeweg, der bei Ebbe auch Auto- oder Radfahrern offen steht. Nicht einmal 8 km² groß ist Mandø, doch die Natur ist überwältigend: Allein die Sandbank im Süden erreicht bei Ebbe eine Größe von 20 km². Wer hier – stets mit Blick in den Gezeitenkalender! – hinausgeht, erlebt noch echte Einsamkeit. Und trifft nicht selten viele Seehunde. Ansonsten lohnen auf Mandø die kleine Kirche von 1639 und eine Naturausstellung den Besuch.

② Fur

Nur drei Minuten benötigt die kleine Fähre über den Fursund hinüber nach Fur (www.furnyt.dk). Für Geologen und Fossiliensammler ist die Fahrt jedoch zugleich eine Zeitreise in die Erdgeschichte. Denn auf Fur gibt es mit dem Fur Bryghus nicht nur eine ausgezeichnete Mikrobrauerei, sondern im Norden von Fur auch eine atemberaubende Steilküste aus sogenanntem Mo-Tom (Moler). Das Sedimentgestein setzte sich vor 55 Millionen Jahren auf dem Meeresgrund ab, der damals das heutige Dänemark vollkommen bedeckte. Heute sollten Besucher es sich nicht entgehen lassen, im Fur Museum einige der faszinierenden Versteinerungen zu entdecken! Und ein unvergessliches Erlebnis nicht nur für Familien ist eine Fossilienjagd mit Ranger Bo Pagh Schultz im nahen Steinbruch.

③ Anholt

Mitten im Kattegatt, auf halbem Weg zwischen Jütland und Schweden, liegt Anholt (www.anholt.dk). Nur 145 Menschen leben fest auf der 20 km² großen Insel. Einmalig in Dänemark: Anholt besitzt eine Wüste. So jedenfalls nennen die Bewohner die größtenteils unter Naturschutz stehende Moränen- und Heidelandschaft im Osten, die sich weit ins Meer zieht. Der rote Sand bietet Lebensraum für seltene Tiere und Pflanzen. Die Fähre ab Grenaa verkehrt im Sommer täglich, im Winter drei Mal pro Woche. Weil es auf Anholt nur etwa 400 Ferienhäuser gibt, muss ein Inselurlaub in der Regel zeitig geplant sein.

④ Tunø

Autofrei – und Spaß dabei. Das kleine Tunø (www.tunø.dk) im Kattegatt zwischen Jütland und Samsø ist eine der wenigen autofreien dänischen Inseln. Dafür bietet das knapp 4 km² große Eiland mit seinen kaum 100 Bewohnern Urlaubsgenuss pur: Tunø By zum Beispiel ist ein idyllisches Dorf mit Kirche aus dem 14. Jh. und einem kleinen Laden. Und Tunøs Küste zeigt das ganze Spektrum dänischer Vielfalt von Steilküste bis (Stein-)Strand. Tunø liegt ab Hov nur eine Fährstunde vom Festland entfernt und ist doch eine Welt für sich.

UNSERE FAVORITEN
114 – 115

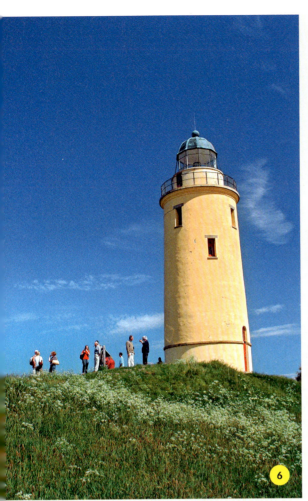

5 Avernakø

Idylle gesucht? Hier ist sie! Denn das kleine Avernakø (www.avernak.dk) im Inselmeer vor Fünen ist ein Kleinod. Wie ihre Nachbarinseln Bjørnø oder Lyø liegt Avernakø wie ein Farbtupfen im Blau der Ostsee, der nur 30 Minuten per Fähre vom Hafen in Faaborg entfernt ist. Böse Zungen behaupten, auf dem nur 6 km² großen 100-Seelen-Eiland passiere schlicht gar nichts. Aber gerade das ist ein Erlebnis! Immer noch prägt Landwirtschaft das Bild der Insel, die erst 1937 durch die Dammverbindung zwischen Korshavn und Avernak entstanden ist. Wasserratten und Angler finden tolle Strände vor, Hobbyornithologen seltene Zugvögel.

6 Sejerø

Wenn Inseln unterschätzt sein können, dann trifft dies auf die kleinen Eilande rund um das große Seeland ganz sicher zu. Auf dem 12 km langen und etwa 2 km breiten Sejerø (www.sejero.dk), gelegen im Nordwesten der Hauptstadtinsel zwischen den Landzungen Reersø und Sjællands Odde, lässt sich schon bei einem Tagesausflug die Welt „da draußen" vergessen. Wer möchte, kann eine Inselführung auf einem isländischen Pony machen. Einen Golfplatz gibt es auch. Und drumherum das weite Meer …

7 Aarø

Aarø (www.aaro.dk) liegt im Kleinen Belt, nicht weit von Haderslev entfernt. Nicht einmal 6 km² groß ist das Inselchen – und durfte doch einmal einen Superlativ sein Eigen nennen: Zwischen 1864 und 1920 war Aarø die nördlichste Insel des Deutschen Reiches. Heute ist Aarøs ein noch weitgehend unbekanntes Urlaubsdomizil. Denn obwohl das Eiland nur sieben Fährminuten vom Festland entfernt liegt, ist es noch immer ein Geheimtipp. Kleine Strände, Deiche und Landwirtschaft mit alten Gehöften prägen die nur 8 m hohe Insel – und seit 2004 auch etwas Weinbau auf dem Årø Vingård.

8 Fejø

Willkommen in Dänemarks Obstgarten! Das nördlich von Lolland liegende Fejø (http://fejoe.dk (Dänisch)) bietet klimatisch beste Bedingungen für leckere Äpfel, Birnen, Pflaumen und andere Früchte. Auch der dänische Starkoch Claus Meyer, Mitgründer des legendären Restaurants „Noma" und Erfinder der Neuen Nordischen Küche, besitzt eine Plantage auf Fejø. Anders als die knapp 600 Bewohner lebt Meyer aber nicht auf dem 16 km² großen Fejø, auf dem man einen langen Urlaub weitab vom Trubel genießen kann. Aber auch ein Tagesausflug lohnt sich unbedingt – die Fähre benötigt nur 15 Minuten!

Dänische Küchenklassiker: Hotdog, Lachs und Smørrebrød

Service

Keine Reise ohne Planung. Auf den folgenden Seiten finden Sie Wissenswertes und wichtige Informationen für Ihren Dänemark-Urlaub.

An- und Einreise

Einreise: Bei der Einreise benötigen Touristen einen gültigen Personalausweis und ggf. Führerschein und Kfz-Schein.

Auto: Von Hamburg geht es über die A7 Richtung Flensburg, hinter der Grenze beginnt mit der E45 das weit ausgebaute Autobahnnetz Jütlands. Alternativ geht es auf der A1 bis Puttgarden auf Fehmarn und von dort per Fähre zur ostdänischen Insel Lolland (45 Min.) und auf der E47 nach Kopenhagen. Von Berlin nimmt man die A19 bis Rostock. Von dort geht eine Fähre nach Gedser auf Falster (105 Min.) mit Anschluss zur E47 nach Kopenhagen.

Bahn: Ein ICE verkehrt mehrmals tgl. zwischen Berlin, Hamburg und Flensburg nach Aarhus bzw. Kopenhagen. Innerdänisch verbinden Intercity-Züge im Stundentakt alle Landesteile sowie größere Städte. Auf den übrigen Strecken verkehren regelmäßig Regional- und Lokalzüge sowie alternativ auch Überlandbusse (www.rejseplanen.dk).

Flugzeug: Von den meisten größeren deutschen, österreichischen und schweizerischen Verkehrsflughäfen gibt es Direktverbindungen nach Dänemark, die meisten nach Kopenhagen, einige nach Billund und Aalborg in Jütland. Bornholm-Flüge mit der dänischen Flugesellschaft DAT werden ab Kopenhagen durchgeführt (www.bornholmer flyet.dk; 35 Min.).

Fähren: Nahezu alle bewohnten Inseln des Königreichs sind mit Fähren zu erreichen, die meistens auch Autos befördern. Scandlines (www.scandlines.de) betreibt die Linien Puttgarden/Fehmarn–Rødby und Rostock–Gedser sowie Helsingør–Helsingborg/Schweden. Die innerdänischen Fährlinien haben sich zu Færgen (www.faergen.de) zusammengeschlossen und bedienen Alsen (Bøjden–Fynshav), Fanø (Esbjerg–Fanø), Langeland (Spodsbjerg–Tårs) und Samsø (Kalundborg–Ballen). Von Jütland nach Samsø verkehrt die Samsø Rederi (Hou–Sælvig; www.tilsamsoe.dk), nach Læsø ab Frederikshavn Læsøfærgen (www.laesoe-line.dk). Zwischen Aarhus und Sjællands Odde bzw. Ebeltoft und Sjællands Odde verkehren mehrmals tgl. Schnellfähren der Mols Linien in rund 75 Min. über den Kattegatt (www.molslinien.dk). Die Reederei läuft auch Bornholm an auf den Routen Køge–Rønne und Ystad–Rønne sowie auf der einzigen Direktverbindung ab Deutschland Sassnitz–Rønne (www.bornholmslinjen.dk).

Auskunft

Allgemein: VisitDenmark, Dänemarks offizielle Tourismuszentrale, Glockengießerwall 2, 20095 Hamburg, kostenpfl. Tel. 01805/32 64 63 (Mo.–Fr. 10.00–14.00 Uhr), www.visitdenmark.de

Internet: Die Homepage der Dänischen Botschaft in Berlin hat die Adresse www.daenemark.org. Der Kulturkalender www.kultunaut.dk informiert über Feste, Konzerte und Veranstaltungen in Dänemark. Das dänische Wetter gibt es auf www.dmi.dk.

Autofahren

Geschwindigkeit: In geschlossenen Ortschaften beträgt das Tempolimit 50 km/h, auf Landstraßen 80 km/h, auf Autobahnen 110 bzw. 130 km/h. Verstöße werden mit sehr hohen Bußgeldern (ab 70 € bis deutlich über 1000 €) vor Ort geahndet. Es wird häufig kontrolliert.

Vorschriften: Vorgeschrieben ist das Fahren mit Abblendlicht, verboten ist das Telefonieren mit dem Handy während der Fahrt ohne Freisprecheinrichtung. Sicherheitsgurte müssen von allen Personen über drei Jahren angelegt werden. Kinder unter drei Jahren dürfen nur in einem Kindersitz mitfahren.

Alkohol: Es gilt die 0,5-Promille-Grenze; wer mit mehr Alkohol im Blut kontrolliert wird, muss seinen Führerschein sofort abgeben, das Auto wird konfisziert.

Hilfe: Der dänische Automobilklub Falck kann Tag und Nacht gerufen werden. Falck schleppt ab oder repariert vor Ort (gegen Barzahlung). Bei einem Unfall wendet man sich an: Dansk Forening for International Motorkøretøjsforsikring, Tel. 41 91 91 91, dfim@forsikringogpension.dk, www.dfim.dk.

Für deutschsprachige Touristen hat der ADAC einen 24-Stunden-Auslandsnotruf Service eingerichtet: Tel. +49 89 22 22 22.

Umweltzonen: Umweltzonen bestehen in Aalborg, Aarhus, Frederiksberg, Kopenhagen und Odense. Dort dürfen dieselbetriebene Lastwagen, Busse oder Wohnmobile über 3,5 t nur fahren, wenn sie mit einem Partikelfilter ausgerüstet sind; es wird die dänische Umweltplakette benötigt. Informationen und Übersichtskarte unter www.green-zones.eu.

Brücken: Nahezu alle Brücken in Dänemark können kostenlos befahren werden – mit Ausnahme der Großen-Belt-Brücke zwischen Fünen und Seeland (www.storebaelt.dk) und der Øresundbrücke zwischen Kopenhagen und Malmö/Schweden (www.ore sundsbron.com).

Strandidyll auf Møn – typisch dänisch ist ein Urlaub in einem der vielen Ferienhäuschen, die oft direkt am Wasser stehen

Essen und Trinken

Dänemarks Küche hat in den letzten rund zehn Jahren eine Revolution erlebt. Unter dem Motto **Neue Nordische Küche** haben Starköche wie Claus Meyer und Rasmus Kofoed traditionelle Gerichte und lange verkannte saisonale Rohwaren salonfähig gemacht. Doch man muss nicht exzessiv teuer essen gehen, um – vielleicht nicht einmal – satt zu werden: Auch traditionelle Kros, die typisch dänischen

Preiskategorien

€€€€	Hauptspeisen	über 60 €
€€€	Hauptspeisen	35–60 €
€€	Hauptspeisen	18–35 €
€	Hauptspeisen	bis 18 €

Landgasthöfe, bieten längst neben Klassikern wie **Svinemørbrad med æbler og kartofler** (Schweinefilets mit Äpfeln und Kartoffeln) auch experimentellere Gerichte und manchmal sogar Vegetarisches. Apropos Klassiker: Echte Hausmannskost ist auch das typisch dänische **Stegt flæsk med persillesauce**, gebratener Schweinebauch mit Petersilie, Senf und Roter Bete; das traditionelle Gericht wurde 2014 von den Dänen zum Nationalgericht Dänemarks gewählt. Auf Platz zwei und drei folgten **Smørrebrød** und **Hakkebøf** (Rinderhacksteak). Smørrebrød besteht aus einer Scheibe Schwarzbrot, die vielfältig mit Fisch, Braten und/oder Gemüse belegt ist, und erlebt derzeit eine Renaissance – auch jüngere Dänen schätzen es inzwischen wieder als „frokost" (Mittagessen). Wer beispielsweise in Kopenhagen ein Smørrebrødforretning (Smørrebrød-Geschäft) findet, sollte unbedingt probieren! Variieren kann die Qualität beim Hotdog; längst nicht mehr so rot wie einst, gehören die Bratwürstchen im Brötchen zum Alltag. Nicht vorbei kommt man auch an den süßen dänischen Versuchungen in den Bäckereien: **Wienerbrød** – auf Deutsch oft Kopenhagener genannt – ist ein Blätterteig- und Zuckergenuss.
Dass **Bier** im Bierland Dänemark nicht selten heute noch auch bei Geschäftsessen zu Mittag auf den Tisch kommt, ist bezeichnend – und sagt nicht zuletzt manches über die informelle, unförmliche Art der Dänen aus. Gleichwohl gehören Weingenuss und -kenntnis längst zum guten Ton. Und guter Wein ist überall für kleines Geld erhältlich, auch in guten Restaurants. Auf eines aber können Dänen keinesfalls verzichten: **Kaffee** – mit ihren skandinavischen Nachbarn gehören die Nachfahren der Wikinger zu den Weltmeistern im Kaffeetrinken. Der ist in Cafébars natürlich nicht einfach schwarz, sondern wird in allen erdenklichen Varianten standesgemäß von einem Barista gezaubert.
Trinkgeld ist in den Preisen üblicherweise bereits enthalten – das verbietet natürlich nicht, besondere Leistungen extra zu honorieren.
Eine preiswerte und frische **Alternative zum Restaurantbesuch** ist der Hofverkauf: Viele Bauern bieten saisonales Gemüse oder Obst im Gårdsalg (Hofladen) an, oft gleich an einem Stand am Straßenrand. Auch Schilder wie Grønt (Gemüse), Frugt (Obst), Æg (Eier) u. a. garantieren Frische vom Erzeuger.
Eine **kleine Auswahl** der unzähligen Restaurants Dänemarks wird auf den jeweiligen Infoseiten genannt.

Feiertage

Neujahr (1. Jan.), Gründonnerstag, Karfreitag, Ostersonntag, Ostermontag, Großer Bet-Tag (Store Bededag; 4. Fr. nach Ostern), Christi Himmelfahrt, Pfingstsonntag, Pfingstmontag, Verfassungstag (Grundlovsdag; 5. Juni), Heiligabend (24. Dez.), 1. Weihnachtstag (25. Dez.), 2. Weihnachtstag (26. Dez.) und Silvester (31. Dez.) sind arbeitsfreie Feiertage.

Info

Daten & Fakten

Landesnatur: Die Eiszeiten haben das Erscheinungsbild der dänischen Landschaft geprägt. Die Küsten sind meist flach, Schmelzwasserrinnen wurden zu tief ins Land reichenden Fjorden. Die Landwirtschaft hat die Landschaft nachhaltig verändert: Moore wurden trockengelegt, Wälder gerodet, Heide urbar gemacht. So stellt sich heute fast ganz Dänemark als Kulturlandschaft dar.
Die gesamte Landesfläche beträgt 43 098 km²; dazu gehören 474 Inseln, von denen 78 bewohnt werden. Die Küstenlinie beträgt 7300 km, größte (auch Ostsee-)Insel ist Seeland (7104 km²), höchste Erhebung der Møllehøj zwischen Horsens und Aarhus in Jütland (170,86 m), längster Fluss die bei Randers mündende Gudenå (158 km), größter Binnensee der Arresø in Westseeland.
Klima: Von Juni bis Sept. scheint die Sonne genauso häufig wie etwa über Bayern, in einigen Gebieten sogar häufiger (Bornholm, Anholt, Lolland, Fünen). Die Temperaturen können 30 °C und mehr erreichen.
Bevölkerung: In Dänemark leben 5,7 Mio. Menschen, von denen etwa 77 % der evangelisch-lutherischen Staatskirche angehören. Knapp 9 % der Staatsbürger haben ausländische Wurzeln. Kopenhagen ist mit 1,3 Mio. Einw. die größte Stadt des Landes, darauf folgen Aarhus (340 000 Einw.), Aalborg (205 000) und Odense (200 000).
Politik: Dänemark ist in fünf Regionen eingeteilt (Nordjütland; Mitteljütland; Südjütland mit Fünen, Ærø und Langeland; Südseeland mit Lolland, Falster und Møn; Nordseeland als Hauptstadtregion mit Bornholm); hinzu kommen die Færøer-Inseln und Grønland: Sie gehören zum dänischen Staatsgebiet, besitzen jedoch weitgehende Selbstverwaltung. Staatsoberhaupt der parlamentarischen Monarchie ist seit 1972 Königin Margrethe II. Gesetzgebendes Organ ist das alle vier Jahre gewählte, aus 179 Abgeordneten bestehende Folketing mit Sitz im Schloss Christiansborg. Es wählt den Ministerpräsidenten und das Kabinett der Minister, die vom Monarchen ernannt werden.
Wirtschaft: 62 % der Landesfläche werden landwirtschaftlich genutzt. Noch 3 % der Beschäftigten arbeiten in der Landwirtschaft, 24 % in der Industrie, mehr als 70 % im Dienstleistungsbereich. Dänemark verfügt über keine Schwerindustrie. Produziert und exportiert werden vor allem Nahrungsmittel, elektronische Waren, Möbel und Medizin- bzw. chemische Produkte. Die wichtigsten Exportartikel sind Fleisch (vor allem vom Schwein) und Strom, der zu einem großen Anteil aus Windkraftanlagen stammt. Dänemark besitzt außer Rohöl und Erdgas aus der Nordsee – es steht weltweit an 37. Stelle der erdölproduzierenden Länder – keine eigenen Rohstoffe und verzichtet auf Kernkraftwerke zur Energieerzeugung.
Der Lebensstandard in Dänemark gilt als einer der höchsten in der Welt, Arbeitslosigkeit (Herbst 2018: 4,1 %) und Staatsverschuldung sind vergleichsweise niedrig.

Dänemark ist ein Paradies für Outdoor-Enthusiasten: ob per Fahrrad (Nationalpark Thy), im Kajak (im Jütländer Seenland) oder barfuß am Strand (bei Skagen)

Geld

Dänemark gehört nicht zur Eurozone, hier wird mit **Dänischen Kronen** (DKK) bzw. **Øre** bezahlt (1,00 € = 7,44 DKK). Es gibt Banknoten zu 50, 100, 200, 500 und 1000 DKK und Münzen zu 50 Øre sowie 1, 2, 5, 10 und 20 DKK.
Man kann in Dänemark fast überall **bargeldlos** mit Kredit- und Bankkarten (Maestro) bezahlen; es entstehen Bearbeitungsgebühren. Das gilt auch, wenn Bargeld abgehoben wird.
Banken und Sparkassen haben Mo.–Fr. 10.00–16.00, Do. 10.00–17.30 Uhr geöffnet. Banken berechnen beim Bargeldumtausch in der Regel eine Wechselgebühr von 30 DKK.

Gesundheit

Arztbesuch: Reisende haben Anspruch auf kostenlose **Behandlung** in dänischen Krankenhäusern im Falle plötzlicher Krankheit, Unfall, Geburt oder unerwarteter Verschlimmerung eines chronischen Leidens. Meist besteht über die Krankenkasse ein Anrecht auf kostenlose ärztliche Behandlung und Rückerstattung von

Info

Geschichte

Ab 13 000 v. Chr.: Im Bereich des heutigen Dänemark entstehen erste Siedlungen.
1800–500 v. Chr.: In der Bronzezeit entstehen markante Grabhügel.
Um 100 v. Chr.: Kimbern und Teutonen aus Jütland ziehen nach Süden und fallen im heutigen Kärnten ins Römische Reich ein.
730: Das „Danewerk" wird zwischen Schleswig und dem Fluss Treene als Verteidigungswall gegen fränkische Eindringlinge angelegt.
793: Beginn der Wikingerzeit mit dem Überfall auf das englische Inselkloster Lindisfarne. Vor allem Dänen und Norweger suchen auf Raubzügen Westeuropa heim, pflegen aber zugleich weitverzweigte Handelsbeziehungen.
826: Der Mönch Ansgar bringt das Christentum nach Dänemark.
962: König Harald Blauzahn tritt zum Christentum über. Bildung eines gesamtdänischen Königreichs mit Zentrum in Jelling.
1042: Unter König Knut dem Großen errichten die Dänen in England einen kurzlebigen Staat.
1202: Valdemar II. gliedert Holstein dem dänischen Reich ein. 1219 erobert er Estland. Der „Dannebrog" wird Nationalflagge.
1380: Olav III. erbt Norwegen, Island, die Færøer-Inseln und Grønland.
1389: Margrethe I. besiegt Schweden und wird damit auch schwedische Königin. Gründung der Kalmarer Union.
1397: Dänemark, Schweden und Norwegen bilden ein Reich unter dänischer Flagge.
Um 1400: Dänemark und die Hanse streiten um die Vorherrschaft in der Ostsee.

1417: Kopenhagen wird Hauptstadt.
1460: Christian I. bindet die Herzogtümer Schleswig und Holstein an Dänemark.
1523: Schweden gelingt es unter Gustav I. Wasa, von Dänemark unabhängig zu werden.
1536: Christian III. führt die Reformation ein.
1563–1570: „Dreikronenkrieg" Dänemarks gegen Schweden. Landverluste in Süd- und Westschweden.
1588–1648: Christian IV. gründet Oslo, Kristianstad und Glückstadt, erneuert als Renaissancebauherr Kopenhagen und kämpft im Dreißigjährigen Krieg auf der „falschen" Seite: Dänemarks Vormachtstellung im Norden endet.
1658: Schweden erkämpft sich alle bis dahin dänischen Gebiete östlich des Øresunds.
1660: In Dänemark wird die absolute und erbliche Monarchie eingeführt.
1788: Aufhebung der Leibeigenschaft.
1801–1807: In den Napoleonischen Kriegen kämpft Dänemark unter Frederik IV. an Frankreichs Seite. Die englische Flotte schießt Kopenhagen in Brand und zwingt Dänemark zur Aufgabe seiner Flotte.
1814: Nach Napoleons Rücktritt muss Dänemark Helgoland an England und Norwegen an Schweden abtreten.
1815–1850: Guldalderen – Goldenes Zeitalter dänischer Kunst und Wissenschaften.
1848: Die konstitutionelle Monarchie wird eingeführt. Der Versuch, das dänische Staatsgebiet offiziell bis zur Eider auszudehnen, führt zu einem Aufstand in Schleswig-Holstein, der 1852 niedergeschlagen wird.

1864: Nach der dänischen Niederlage bei Dybbøl annektieren die siegreichen Österreicher und Preußen Schleswig und Holstein.
1914–1918: Dänemark bleibt im Ersten Weltkrieg neutral.
1915: Das Wahlrecht für Frauen wird in der Verfassung (Grundlov) festgeschrieben.
1920: Nordschleswig stimmt mehrheitlich für die dänische Zugehörigkeit.
1940–1945: Besetzung Dänemarks durch deutsche Truppen. Ab 1943 Kriegsrecht. 1944 gelingt es, den größten Teil der dänischen Juden nach Schweden zu schleusen.
1949: Dänemark Gründungsmitglied der Nato.
1953: Neue Verfassung und Einführung der weiblichen Thronfolge.
1971: Hausbesetzer rufen im Kopenhagener Stadtteil Christianshavn den „Freistaat Christiania" aus, heute mit Bestandsrecht.
1972: Margrethe II. (*1940) wird Königin.
1973: Beitritt zur Europäischen Wirtschaftsgemeinschaft. Grönland tritt 1985 wieder aus.
1998: Die Große-Belt-Brücke verbindet Fünen mit Seeland.
2000: Eröffnung der Øresund-Brücke.
2001: Die Dänen stimmen gegen die Euro-Einführung.
2004: Kronprinz Frederik heiratet die Australierin Mary Donaldson. 2005 Geburt von Prinz Christian Valdemar Henri John.
2017: Aarhus ist Europäische Kulturhauptstadt.
2018: Im Februar stirbt Dänemarks aus Frankreich stammender Prinz Hendrik 83-jährig.

Arzt-, Zahnarzt- und Medikamentenkosten. Voraussetzung ist, dass man die **Europäische Krankenversicherungskarte** der eigenen Krankenkasse vorlegen kann. Wer nicht über eine gesetzliche Krankenkasse versichert ist (und am besten auch dann) sollte eine zusätzliche **Reisekrankenversicherung** abschließen.
Hilfe: Auf der dänischsprachigen Internetseite www.laegevagten.dk findet man die **Notfallnummer** der jeweiligen Urlaubsregion. Bei akuter Gefahr wählt man Tel. 112.
Medikamente: Viele in Deutschland verschreibungsfreie Medikamente sind in Dänemark nur gegen Rezept erhältlich. Rezeptfreie Arzneimittel wie leichte Schmerztabletten und Nasentropfen gibt es auch in einigen Läden und an Tankstellen. Informationen unter www.dvka.de.

Hunde und Haustiere

Laut EU-Regel müssen Tiere mit einer gut leserlichen **Tätowierung** oder mit einem implantierten Chip identifiziert werden können. Zudem benötigen sie einen durch einen Tierarzt ausgestellten Pass und Impfausweis, der beglaubigt, dass eine **Impfung** bzw. Nachimpfung gegen Tollwut vorgenommen wurde; Hunde und Katzen müssen mindestens drei Wochen und maximal zwölf Monate vor der Einreise gegen Tollwut geimpft worden sein. Bei Tieren, die regelmäßig (einmal im Jahr) geimpft werden, entfällt die Drei-Wochen-Frist. Für Jungtiere bis drei Monate muss ein Gesundheitsattest vom Tierarzt vorliegen, das zum Zeitpunkt der Einreise nicht älter als zehn Tage sein darf.
Die **Einfuhr** von 13 Hunderassen oder ihrer Kreuzungen nach Dänemark ist verboten, sofern die Tiere nach dem 17. März 2010 angeschafft wurden. Sind sie älter, müssen sie an einer max. 2 m langen Leine geführt werden und einen festen Maulkorb tragen. Weitere Informationen dazu auf der Website der Dänischen Botschaft (www.daenemark.org.). In dänischen Wäldern besteht für alle Hunde ganzjährig Leinenpflicht. An Stränden sind Hunde erlaubt, müssen aber von April bis Sept. angeleint sein – auch im Wasser. Von Juni bis Mitte Sept. dürfen Hunde nur an Stränden ohne Blaue Flagge ins Wasser.

Öffnungszeiten

Geschäfte: In der Regel haben Geschäfte Mo. bis Do. 9.00/10.00–17.30/18.00, Fr. 9.00/10.00 bis 19.00/20.00 und Sa. 9.00/10.00–13.00/14.00 Uhr geöffnet. Das dänische Ladenschlussgesetz überlässt es Inhabern, wann sie öffnen oder schließen; die Öffnungszeiten können daher leicht variieren.
Größere Geschäfte und Kaufhäuser haben oft auch So. geöffnet. An Feiertagen, dem Verfassungstag, am 24.12. sowie am 31.12. sind sie ab 15.00 Uhr geschlossen. Kleinere Supermärkte dürfen aber ganzjährig öffnen wie auch Bäckereien, Kioske, Blumenläden etc.

Post: Filialen von Post Danmark haben Mo.–Fr. 10.00–17.00 und Sa. 10.00–12.00 Uhr geöffnet. Auf dem Land – zunehmend aber auch in Städten – verkaufen oft örtliche Supermärkte Briefmarken („frimærker") und nehmen Pakete an.

Sport

Angeln: Nahezu überall auf dem Meer und an der Küste ist Angeln mit **Angellizenz** erlaubt; nur im unmittelbaren Hafenbereich ist es verboten. Im Süßwasser, also in Flüssen und Seen, darf man nur dann angeln, wenn man entweder die Erlaubnis des Eigentümers oder eine Angelkarte für das Gewässer erworben hat. Neben der Angelkarte benötigt man auch dann die obligatorische Angellizenz. Diese ist in der Regel bei den örtlichen Touristeninformationen erhältlich. Dazu gibt es überall im Land private Angelseen (Put&Take-Seen, www.putandtake.info). Informationen über gute Angelreviere gibt es unter www.visitdenmark.de/angeln.
Golf: Dänemark verfügt über etwa 200 Golfplätze, oft in landschaftlich exponierter Lage (www.visitdenmark.de/golfen, www.golf.dk).
Radfahren: Der Zustand der über 10 000 km Radwege ist hervorragend. Die meisten sind als lokale, regionale oder überregionale Radwege durchgehend beschildert. Kopenhagen besitzt sogar „Fahrrad-Autobahnen", die fast die ganze Hauptstadt ohne Kreuzungen mit dem Autoverkehr erschließen. Direktes Linksabbiegen auf Straßen ist Radfahrern untersagt: Kreuzungen geradeaus überqueren, anhalten, dann die Fahrbahn queren!
Neben 26 **Panorama-Radwegen,** die sich mit einer Länge von bis zu 40 km gut für Tagestouren eignen (www.visitdenmark.de/panoramaradrouten), führen mehrere internationale Fernradwege durchs Land. Die Strecke von Kopenhagen nach Berlin etwa kann auf einer ausgearbeiteten Route in 15 Etappen erradelt werden. Der Nordseeküstenradweg führt über 560 km entlang der Westküste (www.northseacycle.com und www.eurovelo.com). Besonders empfehlenswert ist der Ostseeradweg (s. auch S. 97).
Fahrradkarten und allgemeine Informationen bietet der Dansk Cyklist Forbund (Rømersgade 5, DK-1362 København K, Tel. 33 32 31 21, www.cyklistforbundet.dk), Informationen zum Radurlaub gibt es auch auf der Internetseite www.visitdenmark.de/radfahren.
Segeln: Segeln ist in Dänemark Volkssport. Rund 300 Jachthäfen gibt es entlang der mehr als 7300 km langen Küste. Die Liegegebühren sind relativ moderat, auch die kleinsten Häfen verfügen über moderne sanitäre Einrichtungen. Meist ist – zumindest in der Hochsaison – ein kleinerer Supermarkt in Hafennähe. Informationen über Dansk Sejlunion (Idrættens Hus, DK-2605 Brøndby, Tel. 88 20 70 00, www.sejlsport.dk nur auf Dänisch).
Surfen: Die dänischen Küsten eignen sich an vielen Stellen gut zum Windsurfen. Beliebt sind Ringkøbing Fjord und Limfjord. Die Jammerbucht bei Klitmøller gilt als Europas „Kaltes Hawaii". Adressen von Surfschulen in ganz Dänemark auf www.visitdenmark.de.
Wandern: Zahlreiche Wanderwege listet die Internetseite www.visitdenmark.de (unter Aktivurlaub/Wandern in Dänemark) auf. Und die dänische Natur- und Umweltschutzbehörde Naturstyrelsen stellt auf ihrer Seite 45 Wanderrouten als PDF-Download bereit (http://naturstyrelsen.dk/publikationer/vandretursfoldere).

Angesichts von 7300 Kilometern Küstenlinie überrascht es kaum, dass viele dänische Hotels direkt am Wasser stehen – wie hier in Troense

SERVICE

Eine der schönsten Etappen des „Wanderwegs des Inselmeeres" (Øhavsstien, www.detsyd fynskeoehav.dk) verläuft über Ærø von Marstal via Ærøskøbing nach Søby (36 km); insgesamt verbindet der Fernwanderweg auf 220 km Südfünen mit Ærø, Tåsinge und Langeland.

Telefon

Öffentliche Telefone gibt es kaum noch in Dänemark. Die wenigen funktionieren oft mit Telefonkarten, die wenigsten mit Bargeld – im Übrigen geben diese Geld, das einmal eingeworfen wurde, nicht wieder heraus. **Vorwahl** nach Deutschland 0049, nach Österreich 0043, in die Schweiz 0041 und nach Dänemark 0045.

Unterkunft

Hotels: Eine **kleine Auswahl** an Unterkünften enthalten die Infoseiten dieses Bandes. Die typisch dänischen Gasthöfe, die **Kros**, bieten Tradition, Atmosphäre und oft auch eine gute Küche. Von den rund 450 Kros im Land sind rund 100 „königlich privilegiert" (Small Danish Hotels, Vejlevej 16, DK-8700 Horsens, Tel. 75 64 87 00, www.smalldanishhotels.dk). Romantisch wohnt es sich in derzeit 15 **Schlössern und Herrenhäusern** (Danske Slotte & Herregårde, Ll. Sct. Mikkels Gade 7, 8800 Viborg Tel. 86 60 38 44, www.schloesser-herrensitze.dk).

Eine preiswerte Übernachtungsalternative nicht nur für Familien sind die dänischen **Jugendherbergen**. Über 100 Familien- und Jugendherbergen mit modernen Zwei- bis Sechs-Bett-Zimmern verteilen sich über ganz Dänemark (Danhostel, Rathsacksvj 1, 3. th, 1862 Frederiksberge; Tel. 33 31 36 12, www.danhostel.dk). Unter www.bauernhofurlaub.dk findet man rund 60 dänische **Bauernhöfe**, die Gästezimmer oder Ferienwohnungen vermieten (Katalog auch unter Tel. 87 91 20 42).

Eine preiswerte wie persönliche Alternative ist die Übernachtung in einem Privatzimmer. **Bed & Breakfast**-Unterkünfte gibt es im ganzen Land; oft sind sie am Straßenrand mit dem Hinweis „Værelser" (Zimmer) ausgeschildert. Auf www.bedandbreakfastguide.dk kann man B&B-Unterkünfte suchen und buchen.

Preiskategorien

€€€€	Doppelzimmer	über 270 €
€€€	Doppelzimmer	170–270 €
€€	Doppelzimmer	100–170 €
€	Doppelzimmer	bis 100 €

Camping: VisitDenmark verschickt einen Flyer zum Urlaub mit Wohnwagen, Caravan und Zelt. Insgesamt gibt es in Dänemark rund 450 zertifizierte Campingplätze. Viele vermieten auch Campinghütten oder Wohnwagen. Andere Plätze haben ein Freizeitangebot speziell für Familien. Ein Campingpass (Camping Key Europe) ist immer erforderlich. Campen außerhalb von Campingplätzen ist nicht erlaubt. Ausgenommen sind lediglich „primitive" Campingplätze in der Natur oder private Zeltplätze – vor dem Aufstellen des Zeltes sollte allerdings immer der Grundbesitzer um Erlaubnis gefragt werden (www.daenischecamping plaetze.de).

Ferienhäuser: Rund 45 000 Ferienhäuser werden in Dänemark vermietet. Zu den bekannten Vermittlern in Deutschland gehören: Dansommer (Tel. 040 688 71 51 92, www.dansommer.de), DanCenter (Spitalerstraße 16, 20095 Hamburg, Tel. 040 309 70 30, www.dancenter.de), Sonne und Strand (Ilsigvej 21, DK-9492 Blokhus, Tel. 0461 144 20 20, www.sonneundstrand.de), Feriepartner Danmark. Feriepartner Danmark A/S (Mynstersvej 5, DK-1827 Frederiksberg C, Tel. 0800 358 75 28, www.feriepartner.de), die Ferienhausvermittlung Kröger & Rehn (Tel. 0800 358 75 28, www.dansk.de) oder Nordsee Holidays (Strandvejen 430, DK-6854 Henne Strand, Tel. 0045 70 30 00 41, www.nordsee-holidays.dk).

Blick von der Svendborgsundbroen auf den Svendborgsund: Die Sankt Jørgens Kirke in Strandhuse hat ihren Ursprung im 14. Jahrhundert

Register

Fette Ziffern verweisen auf Abbildungen

A
Aabenraa 29, 31, 41
Aakirkeby 103, 112
Aalborg **16–17**, **42/43**, **50**, **51**, 55, 61
Aarhus 54, 55, **55**, 59, **106**, **107**
Allinge **100**, 111
Ærø, Insel 96
Ærøskøbing **7**, 7, **88**, 96
Askø 91
Augustenborg, Schloss **27**

B
Balka Strand 113
Billund **34**, 40
Blåvand Strand **33**, 40
Blokhus 60
Christiansfeld 41
Christiansø, Insel 103, **105**

D
Designmuseum Danmark 69
Dueodde **7**, 7, 101, **104**, **112**, 113
Dybbøl 39, **39**
Dyrehavsbakken 82, 106
Dyvig **26**, 31, 39

E
Ebeltoft 7, 59, **59**
Egeskov, Schloss **7**, **15**, 86, **86**, 96
Elmelunde 91, **96**
Esbjerg 35, 40, 49

F
Faaborg 96
Falster, Insel 91, 96
Fanø, Insel 29, **30**, 35, 40
Fejø 91
Femø 91
Fredensborg, Schloss 75, 82
Frederiksborg, Schloss **72**, 82
Frederikshavn 60
Frederiksø 103, **105**
Fuglsang, Museum 97
Fünen, Insel 87

G
Gavnø, Schloss 83
Gilleleje 75, 82
Grenaa 59, 61
Grenen **7**, 7, 45, 60, **60**
Großer Belt 75, **92**
Gudhjem 49, **100**, 103, 112

H
Haderslev (Hadersleben) 29, 41
Hammershus **7**, 7, 103, 111, **111**
Hanstholm 60
Hasle 103, **103**, **104**, 111
Helsingør **72**, 75, 82
Henne Strand **18/19**, 56
Hirtshals 60
Hornbæk 75
Hvide Sande 40

J/K
Jelling 41
Kerteminde 95
Klitmøller **44**, 53, 60
Knuthenborg Safaripark **90**, 97
Kolding **7**, 7, 29, **35**, **40**, 41
Kopenhagen 7, **8/9**, 62–79, **62–79**, 81–83, **109**
Kronborg, Schloss 75, **75**, 82

L
Læsø **48**, 51, 60
Langeland, Insel 96
Legoland **34**, 40
Lindholm Høje **7**, 7, 61
Løgstør 53, 55, 61
Løkken 51, 60
Lolland, Insel 93, 116
Lønstrup 60
Louisiana, Museum 7, 73, **73**, 82

M
Mandø, Insel 29
Marielyst 91, **96**
Marstal **88**, 96
Middelfart 95
Møgeltønder 39
Møn, Insel **4**, **7**, 7, **10/11**, 57, **57**, **84–85**, 91, **91**, 97

N
Nexø 103, 112
Nørre Vorupør **44**
Nyborg 87
Nykøbing Falster **88**, 96
Nykøbing Mors 55
Nylars 101

O/P
Odense 87, **87**, 95
Østerlars 101, **101**, 112
Pedersker 105

R
Randers **53**, 59
Ribe 7, **24/25**, **28**, 29, 35, 37, 40, **40**
Ringkøbing 40
Rødby 89
Rømø, Insel 7, 29, **30**, 31, 35, 39
Rønne 103, 111
Roskilde **7**, 7, **74**, 75, 82
Rubjerg Knude, Wanderdüne **44**
Rudkøbing 96

S
Samsø **48**, 59
Sandvig 111, 113
Schackenborg, Schloss 39
Seeland, Insel 81
Skagen **18/19**, 41, 45, **46**, 47, **47**, 60
Slagelse 83
Snogebæk 101, 113
Sønderborg **26**, 29, 39, **39**
Søndervig **32**, 41
Spøttrup, Burg 53
Stege 91, 97
Stevns Klint 57, **82**, 83
Svaneke **102**, 103, 113
Svendborg 87, **88**, 95, **95**, **120**

T
Tåsinge, Insel **86**, 96
Thisted 53, 60
Tønder 39
Trelleborg **74**, 75, 83

V
Valdemar Slot, Schloss **86**, 96
Vejle 41
Viborg 59
Vinderup 59
Voergård, Schloss 7, **52**, 60
Vordingborg 83

Impressum

3. Auflage 2019
© DuMont Reiseverlag, Ostfildern

Verlag: DuMont Reiseverlag, Postfach 3151, 73751 Ostfildern, Tel. 0711 45 02 0, Fax 0711 450 21 35, www.dumontreise.de
Geschäftsführer: Dr. Thomas Brinkmann, Dr. Stephanie Mair-Huydts
Programmleitung: Birgit Borowski
Redaktion: Horst Keppler
Text: Christoph Schumann, Hamburg
Exklusiv-Fotografie: Gerald Hänel, Hamburg
Titelbild: laif/Michael Amme
Zusätzliches Fotomaterial: Corbis/Antonio Bronic (S. 108), DuMont Bildarchiv/Holger Leue (S. 22 l.u., 40 r., 48 u., 82 o., 112 r.u., 118 r.), DuMont Bildarchiv/Hartmut Schwarzbach (S. 48 o., 59 l.), Frederikssund Vikingespil (S. 23 o.l.), Getty Images/Bluemoon Stock (S. 61 o.), Getty Images/Tim Graham (S. 116 r.u.), Gerald Hänel/Per Sjøstrøm, Hotelpension Verona, Allinge/Bornholm (S. 113 u., 116 r.o.), huber-images/Christian Bäck (S. 8/9), huber-images/Gräfenhain (S. 114 l. o.), Innovation Norway/Yngve Ask (S. 113 o.), iStockphoto/wip-studiolublin (S. 83 o.), Kattegatcentret Grenaa/Morten Fauerby/Montgomery ApS (S. 61 u.), laif/Michael Amme (S. 114 l. u.), laif/Stefan Falke (S. 39 o.), laif/Gerald Hänel (S. 23 u.), laif/Berthold Steinhilber (S. 22 r.u.), look-foto/Hauke Dressler (S. 56 u. r.), look-foto/Thomas Rötting (S. 12/13), mauritius images/Haag+Kropp (S. 5 u., 97 o.), mauritius images/imagebroker/Dr. Wilfried Bahnmüller (S. 57 r. o.), mauritius images/imagebroker/Wolfgang Diederich (S. 23 o.r.), mauritius images/imagebroker/Georg Stelzner (S. 18/19), mauritius images/Premium Stock, Photography GmbH/Alamy (S. 114 r.), picture-alliance/dpa/Jens Becker (S. 115 l.), picture-alliance/Femern A/S (S. 93), Christoph Schumann/Skagen Vinterbader Festival (S. 41), Shutterstock/Netkoff (S. 56 Illustration), Shutterstock/primiaou (S. 22 Illustration), VisitDanmark/Kim Wyon (S. 5 o., 109)
Grafische Konzeption, Art Direktion: fpm factor product münchen
Layout: Cyclus · Visuelle Kommunikation, Stuttgart
Cover Gestaltung: Neue Gestaltung, Berlin
Kartografie: © MAIRDUMONT GmbH & Co. KG
Kartografie Lawall (Karten für „Unsere Favoriten")
DuMont Bildarchiv: Marco-Polo-Straße 1, 73760 Ostfildern, Tel. 0711 450 22 66, Fax 0711 45 02 10 06, bildarchiv@mairdumont.com

Für die Richtigkeit der in diesem DuMont Bildatlas angegebenen Daten – Adressen, Öffnungszeiten, Telefonnummern usw. – kann der Verlag keine Garantie übernehmen. Nachdruck, auch auszugsweise, nur mit vorheriger Genehmigung des Verlages. Erscheinungsweise: monatlich.

Anzeigenvermarktung: MAIRDUMONT MEDIA, Tel. 0711 4 50 20, Fax 0711 4 50 21 012, media@mairdumont.com, http://media.mairdumont.com
Vertrieb Zeitschriftenhandel: PARTNER Medienservices GmbH, Postfach 810420, 70521 Stuttgart, Tel. 0711 725 22 12, Fax 0711 725 23 20
Vertrieb Abonnement: Leserservice DuMont Bildatlas, Zenit Pressevertrieb GmbH, Postfach 810640, 70523 Stuttgart, Tel. 0711 72 52 265, Fax 0711 72 52 333, dumontreise@zenit-presse.de
Vertrieb Buchhandel und Einzelhefte: MAIRDUMONT GmbH & Co. KG, Marco-Polo-Straße 1, 73760 Ostfildern, Tel. 0711 45 02 0, Fax 0711 45 02 340
Reproduktionen: PPP Pre Print Partner GmbH & Co. KG, Köln
Druck und buchbinderische Verarbeitung:
NEEF + STUMME premium printing GmbH & Co. KG, Wittingen, Printed in Germany

Teeplantagen in Sri Lankas Hochland, so weit das Auge reicht. Die britische Kolonialmacht führte die Nutzpflanze um 1870 ein.

Eine von Berlins Vorzeigeansichten, der Blick auf Bode-Museum und Fernsehturm im Hintergrund.

Berlin

Große Kunst
Erwartet Sie in den Berliner Museen, nicht nur in jenen fünf, die auf der Museumsinsel liegen und von der UNESCO zum Welterbe gekürt wurden.

Die Hauptstadt anders erleben
Wie wäre es mit einer Rikscha-Tour durch das historische Berlin, mit einer Rundfahrt im Trabi oder mit einer Führung durch die Unterwelt?

Das hippe Berlin
Prenzlauer Berg, Kreuzberg, Friedrichshain und Neukölln, hier trifft sich heute die Szene! Wir verraten Ihnen, welche Clubs und Bars gerade angesagt sind.

Sri Lanka

Tropisches Märchenland
Für eine Reise nach Sri Lanka gibt es gute Gründe: eine traumhafte Landschaft, üppig grüne Vegetation, herrliche Strände und einzigartige Kunstwerke – lassen Sie sich mit hervorragenden Bildern einstimmen auf ein ganz besonderes Land.

Das Wissen vom Leben
Ayurveda ist eine 3000 Jahre alte ganzheitliche Heilmethode. Wir stellen Ihnen die wichtigsten Komponenten der Behandlung vor und liefern Ihnen Pro- und Kontra-Argumente für Ayurveda-Kuren.

Der lange Weg zum Frieden
Hintergründe und Fakten zum Bürgerkrieg, der das Land bis 2009 in Atem hielt.

www.dumontreise.de

Lieferbare Ausgaben

DEUTSCHLAND
- 119 Allgäu
- 092 Altmühltal
- 105 Bayerischer Wald
- 180 Berlin
- 162 Bodensee
- 175 Chiemgau, Berchtesgadener Land
- 013 Dresden, Sächsische Schweiz
- 152 Eifel, Aachen
- 157 Elbe und Weser, Bremen
- 168 Franken
- 020 Frankfurt, Rhein-Main
- 112 Freiburg, Basel, Colmar
- 028 Hamburg
- 026 Hannover zwischen Harz und Heide
- 042 Harz
- 023 Leipzig, Halle, Magdeburg
- 131 Lüneburger Heide, Wendland
- 188 Mecklenburgische Seen
- 038 Mecklenburg-Vorpommern
- 033 Mosel
- 190 München
- 047 Münsterland
- 015 Nordseeküste Schleswig-Holstein
- 006 Oberbayern
- 161 Odenwald, Heidelberg
- 035 Osnabrücker Land, Emsland
- 002 Ostfriesland, Oldenburger Land
- 164 Ostseeküste Mecklenburg-Vorpommern
- 154 Ostseeküste Schleswig-Holstein
- 201 Pfalz
- 040 Rhein zw. Köln und Mainz
- 185 Rhön
- 186 Rügen, Usedom, Hiddensee
- 206 Ruhrgebiet
- 149 Saarland
- 182 Sachsen
- 081 Sachsen-Anhalt
- 117 Sauerland, Siegerland
- 159 Schwarzwald Norden
- 045 Schwarzwald Süden
- 018 Spreewald, Lausitz
- 008 Stuttgart, Schwäbische Alb
- 141 Sylt, Amrum, Föhr
- 204 Teutoburger Wald
- 170 Thüringen
- 037 Weserbergland
- 173 Wiesbaden, Rheingau

BENELUX
- 156 Amsterdam
- 011 Flandern, Brüssel
- 179 Niederlande

FRANKREICH
- 177 Bretagne
- 021 Côte d'Azur
- 032 Elsass
- 009 Frankreich Süden Okzitanien
- 019 Korsika
- 071 Normandie
- 001 Paris
- 198 Provence

GROSSBRITANNIEN/IRLAND
- 187 Irland
- 202 London
- 189 Schottland
- 030 Südengland

ITALIEN/MALTA/KROATIEN
- 181 Apulien, Kalabrien
- 017 Gardasee, Trentino
- 110 Golf von Neapel, Kampanien
- 163 Istrien, Kvarner Bucht
- 128 Italien, Norden
- 005 Kroatische Adriaküste
- 167 Malta
- 155 Oberitalienische Seen
- 158 Piemont, Turin
- 014 Rom
- 165 Sardinien
- 003 Sizilien
- 203 Südtirol
- 039 Toskana
- 091 Venedig, Venetien

GRIECHENLAND/ZYPERN/TÜRKEI
- 034 Istanbul
- 016 Kreta
- 176 Türkische Südküste, Antalya
- 148 Zypern

MITTEL- UND OSTEUROPA
- 104 Baltikum
- 094 Danzig, Ostsee, Masuren
- 169 Krakau, Breslau, Polen Süden
- 044 Prag
- 193 St. Petersburg

ÖSTERREICH/SCHWEIZ
- 192 Kärnten
- 004 Salzburger Land
- 196 Schweiz
- 144 Tirol
- 197 Wien

SPANIEN/PORTUGAL
- 043 Algarve
- 093 Andalusien
- 150 Barcelona
- 025 Gran Canaria, Fuerteventura, Lanzarote
- 172 Kanarische Inseln
- 199 Lissabon
- 124 Madeira
- 174 Mallorca
- 007 Spanien Norden, Jakobsweg
- 118 Teneriffa, La Palma, La Gomera, El Hierro

SKANDINAVIEN/NORDEUROPA
- 166 Dänemark
- 153 Hurtigruten
- 029 Island
- 200 Norwegen Norden
- 178 Norwegen Süden
- 151 Schweden Süden, Stockholm

LÄNDERÜBERGREIFENDE BÄNDE
- 123 Donau – Von der Quelle bis zur Mündung
- 112 Freiburg, Basel, Colmar

AUSSEREUROPÄISCHE ZIELE
- 183 Australien Osten, Sydney
- 109 Australien Süden, Westen
- 195 Costa Rica
- 024 Dubai, Abu Dhabi, VAE
- 160 Florida
- 036 Indien
- 205 Iran
- 027 Israel, Palästina
- 111 Kalifornien
- 031 Kanada Osten
- 191 Kanada Westen
- 171 Kuba
- 022 Namibia
- 194 Neuseeland
- 041 New York
- 184 Sri Lanka
- 048 Südafrika
- 012 Thailand
- 046 Vietnam